本书获洛阳理工学院学术著作出版基金资助

民间社团组织发展路径研究

张瑞玲 著

中国社会科学出版社

图书在版编目 (CIP) 数据

民间社团组织发展路径研究／张瑞玲著 . —北京：中国社会科学出版社，2017. 1
ISBN 978-7-5161-9835-3

Ⅰ . ①民… Ⅱ . ①张… Ⅲ . ①社会团体—研究—中国 Ⅳ . ①C232

中国版本图书馆 CIP 数据核字（2017）第 025311 号

出 版 人	赵剑英
责任编辑	王 琪
责任校对	胡新芳
责任印制	王 超

出 版	中国社会科学出版社
社 址	北京鼓楼西大街甲 158 号
邮 编	100720
网 址	http://www.csspw.cn
发 行 部	010-84083685
门 市 部	010-84029450
经 销	新华书店及其他书店

印 刷	北京明恒达印务有限公司
装 订	廊坊市广阳区广增装订厂
版 次	2017 年 1 月第 1 版
印 次	2017 年 1 月第 1 次印刷

开 本	710×1000　1/16
印 张	13.75
插 页	2
字 数	198 千字
定 价	49.00 元

凡购买中国社会科学出版社图书,如有质量问题请与本社营销中心联系调换
电话:010-84083683

序 言

　　本书作者张瑞玲博士，是我在 2006 年成为博士生导师以后招收的第一批博士生。这本以她的博士论文为主要内容的专著，见证了我们师生之间教学相长的过程。

　　在进入博士课程之前，她在华中科技大学接受了良好的社会学专业的学术训练，已经能够运用社会学的方法去分析和解释我们所共同关注的社会现象。在我组织的读书会上，她经常会发表一些独到而精辟的见解，引起同学们的共鸣，体现了她所具有的基于社会学思考的洞察力。

　　有关博士论文的选题，我与她几乎是一拍即合。她倾向于通过第一手的田野资料，做一个具有实证意义的研究，而我当时正在关注社会组织的自主性何以可能的问题，为此前期调研了几个具有典型意义的民间社团。在我推荐其中一个社团，即论文中涉及的 SAMQ 作为研究个案时，当即引起了她的研究兴趣。在我们一起对该社团做了实地考察后，研究选题以及调查对象也就基本尘埃落定了。

　　SAMQ 确实是一个颇值得玩味的民间社团。该社团的创始人曾是一个普通的家庭主妇，因自身治病的需要而创编了一套健身拳操，因这套拳操而凝聚了成千上万的爱好者。以该拳操命名的社团成立以来，虽然经历了一些曲折的过程，但其组织的活力至今依然不减，同时依然保持着其一贯的自主运行的民间性特征，作为一个民间社团，SAMQ 何以能长期保持一个组织的生命力，这就是张瑞玲在这篇博士论文中所要探寻的问题。

　　为此，张瑞玲几乎用了一年的时间深入到 SAMQ 做田野调查。

其间，她从该社团的组织运作规则到现场的活动开展，从大型的展示性表演到日常的健身练习，都进行了参与式的观察以及访问调查。由于经常性地参与到SAMQ的一些活动之中，以致一些人将她错认为了该社团管理团队中的一员。在调研过程中，张瑞玲确实也与该社团的负责人、管理团队成员以及普通的爱好者形成了良好的信任关系，因此，获得了有关SAMQ足够丰富的第一手调查资料。

张瑞玲尝试从新制度主义的视角去解释围绕SAMQ所呈现的种种具有典型意义的组织现象，通过分析该社团生存发展所面临的制度环境与技术环境特征，她考察了SAMQ如何汲取外部环境中的力量以维持自身的生存和发展，如何争取自身发展所需要的资源，为此又采取了哪些行动策略等论题。

以上内容构成了这篇博士论文基本的分析框架，具体的论证过程是否充分合理，还有待读者自己去作出判断。值得一提的是，张瑞玲通过研究所得到的主要结论即使在今天仍然具有启示意义，即SAMQ之所以能持久地保持一种组织的活力和向心力，是因为"该民间社团组织在发展的过程中表现出了一定程度的自主性，是善于汲取制度环境中力量的积极能动的行动主体，而不是简单被动地服从"。

在当今大力推进社会治理体系创新的背景下，社会组织应该扮演什么角色？如何进一步发挥作为社会治理主体之一的重要功能？这些都需要在宏观的制度环境以及各自的技术环境中去寻找答案。而本书所提出的保持社会组织一定程度的自主性，或称为有限自治的观点，则为破解这一谜题提供了一个有益的思路。

陆小聪

丙申年除夕写于听雨楼

目　录

第一章

导　论

第一节　问题的提出

一　问题的提出

从国家与社会的关系来看，20 世纪 80 年代以降经济改革最重大的后果之一就是社会的再生。改革开放之前，中国是政治、经济和社会三者合一的统治体制，可以称作是"总体性社会"。改革开放 30 多年来，社会领域最核心的变化是从"总体性社会"向"复调社会"转变，从一元社会向多元社会转变，"社会"不再是简单的国家完全支配下的统一体和附属，而是成为各种新出现的力量谋求和彰显自主性的最为重要的领域。① 在这个过程中，广大国民及其组织起来的民间力量善于利用改革开放过程中所产出的个人自由和可支配资源，创造性地在社会领域开辟新的空间，建立新的团体，这一时期出现的并不只是旧的社会组织和行为方式，而且有许多更具现代意味的社会组织形式：各种中介性社会组织，包括各种学会、协会、研究会、职业团体以及与日常生活有更密切联系的大大小小的结社。② 这些社会组织既不同于旧式的社会组织如宗族，也不同于 50 年代以后建立的各种所谓"人民团体"或"群众组织"，后者虽被冠以"人民"、"群众"之名，实际只是官方组织的

---

① 李友梅等：《社会的生产：1978 年以来的中国社会变迁》，上海人民出版社 2008 年版，第 1 页。

② Pei, Minxin, "Chinese Civic Associations", *Modern China*, Vol. 24, No. 3, 1998, pp. 285–318.

延伸。其发展过程中曾出现三次高潮①：（1）从改革开放之初至 1990 年。根据民政部统计，1990 年全国性民间社团（含基金会）达 1100 多个，地方性社团（含基金会）达 18 万个左右，分别比"文化大革命"前增长了 10 倍和 29 倍。（2）从 1992 年至 1998 年。随着市场经济改革的进一步深化，市场体系的初步形成，民间社团发展进入了新一轮高潮。到 20 世纪 90 年代后期，各类民间组织实际上已达到近百万家。（3）从 2000 年至今。随着对"民本"思想认识的深入和整个社会对公共服务和专业协会需求的不断增加，以及公众表达与参与的热情逐步提高，民间社团的发展再次出现高潮，并开始进入更加多层面、多体系、多样化、多影响的新阶段。民政部 2015 年社会服务发展统计公报显示：截至 2015 年底，全国共有社会组织 66.2 万个。其中社会团体 32.9 万个，比上年同期增长 6.1%；民办非企业单位 32.9 万个，比上年同期增长 12.7%；基金会 4784 个，比上年增加 667 个，增长 16.2%，初步形成了门类齐全、层次不同、覆盖广泛的社会组织体系。②

改革开放以来所发生的社会变迁，尤其是社会结构的松动、核心社会利益关系的重组，使得国家与社会的关系问题变得突出，对于今天和未来的中国来说，国家与社会的关系问题可以简约为国家如何积极推动社会自主能力的提高，全面构筑国家—社会—市场的良性互动关系。③

一个具有高度自主性的社会，其公民的组织性较高，公民之间的互惠关系、自我管理发展较快，"透过自由结社，整个社会能够自我建构和自我协调"④。随着经济社会的发展，人们的日常生活已经逐渐摆脱了国家或单位的支配，可以按照自己的意愿和意志，自

---

① 李友梅等：《社会的生产：1978 年以来的中国社会变迁》，上海人民出版社 2008 年版，第 123 页。

② 中华人民共和国民政部：《2015 年社会服务发展统计公报》（http://www.mca.gov.cn/article/zwgk/201607/20160700001136.shtml）。

③ 胡俊：《构筑国家与社会的良性关系》（http://www.aisixiang.com/data/22985.html）。

④ 梁治平：《民间、民间社会和 Civil Society——Civil Society 概念再检讨》（http://www.law-thinker.com/show.asp? id=594）。

主地安排和支配自己工作时间之外的个人生活和家庭生活，这使得以往在国家意志或组织原则束缚下的"单位人"逐渐转变成凸显个性化特征的"社会人"，而且自由支配时间的增多，人们生活水平的提高，思想观念的不断转变，越来越多的个人和群体自愿组织起来，兴办各种各样的民间社团，它们在数量、性质、类型、活动范围、服务对象、分布领域、兴办主体和管理模式方面越来越多样化，并且以不同的方式、形式和行动表达着自己的诉求和意愿，在社会经济生活中发挥的作用也越来越大。"社会不等于乌合之众，次级群体是构成我们社会结构的基本要素，如果在政府与个人之间没有一系列次级群体的存在，那么国家也就不可能存在下去。如果这些次级群体与个人的联系非常紧密，那么它们就会强劲地把个人吸收进群体活动里，并以此把个人纳入到社会生活的主流之中。"①

社会组织的发育状况不仅是衡量一个国家和社会自由发达程度的标志，也是社会发展和公民权利的客观需要。② 它作为第三部门的主体，与第一部门和第二部门比较，有自身的优势：一是它们具有很大弹性，可以根据社会服务需要的变化很快做出调整，从而使服务更具有针对性；二是它们通常都很贴近社区和 群众，对群众的需要有更深切的理解，民间组织工作人员的规则方式也更具有人情味；三是它们的运行成本比政府部门低，它们要通过降低服务成本、提高服务质量的竞争来获得政府的资金支持；四是它们要保证公益目标，不以谋利为目的，法律上不允许它们获得分红的利润；五是它们提供的服务更加丰富多样，可以满足多样性的需求和针对不同的特殊需求。③

在这样的情况下，如何理解社会中介组织的成长，成为90年代以来社会学研究中的一个重要主题。④

---

① ［法］埃米尔·涂尔干：《社会分工论》，渠东译，生活·读书·新知三联书店2000年版，第40页。

② 文军：《中国社会组织发展的角色困境及其出路》，《江苏行政学院学报》2012年第1期。

③ 李培林：《我国社会组织体制的改革和未来》，《社会》2013年第3期。

④ 熊跃根：《转型经济国家中的"第三部门"发展：对中国现实的解释》，《社会学研究》2001年第1期。

出于人们之间的兴趣、爱好、友谊以及人们之间的其他社会联系而成立起来的社会团体满足着其成员各种各样的需求。表面上看，这类社会团体成立的动力主要是来自民间，由于其活动性质的中立性和非意识形态性，所以它们所受的控制力度较弱，从而自主性较强。实际上，中国民间社会生长的过程是在改革开放和市场经济的压力下，国家不断放松对社会的控制权而又以新的形式继续保持对社会的控制的过程，也可以说就是国家不断改变和调整社会控制形式的过程①，国家对社会始终处于"警惕"状态。

同时，可以看到，国家与社会关系在发生着变化：从国家覆盖社会到国家培育发展社会，在这个过程中，民间社团组织的生存环境也悄然地发生着变化。社会自身的自主性逐渐凸显，社团组织也出现了越来越广的生存发展空间。那么在不断变化的社会环境下，民间社团组织是如何利用释放出来的空间生存和发展起来的？生存和发展的过程中采取了什么样的行动策略？这些就成为本书关心的核心问题。

二　研究缘起

刚入校不久的夏季学期，在一次体育社会学的读书会上，讨论到了"体育分层与社会分层：强化抑或消解？"这样的话题，有关调查对象的选择，导师提到了三个民间体育组织：H 市精武体育总会、SAMQ、JA 区楼宇体育协会。② 这三个组织的不同在于，参与的群体是不一样的，一个是各个年龄段的人群均有，一个是以中老年女性为主要参与群体，一个是以年轻白领群体的参与为主；这三个组织发起的背景也是不一样的，一个是官方发起的以自上而下③的方式成立的组织，两个是自下而上成立的民间组织。这三个组织

---

① 李景鹏：《后全能主义与中国的公民社会》（http：//www. chinaelections. org/NewsInfo. asp？ NewsID＝146036. 2006-03-02）。

② 出于学术惯例，用字母代替城市名、城区名、协会名称，SAMQ 是本书个案的简称，后同。

③ 康晓光根据"起源"把中国社团分为三大类，即由党政机关发起创办的社团，由事业单位、企业、个人发起创办的社团，由海外组织或个人发起创办的社团，依此被称为"自上而下型社团"、"自下而上型社团"、"外部输入型社团"。

中，有一个新的项目：L 项目①，对这个项目实在陌生，第一次听说，但听身边的师兄说这个项目不错，做起来很漂亮，融合了很多东西进去，出于好奇，笔者有意地注意了这个项目，想知道具体是怎么样的，是怎么一招一式锻炼的。一天早晨，在去往学校图书馆的路上，看到一群中老年妇女在健身，驻足停留，看她们锻炼，伴随着动听的音乐，个个一丝不苟，神情专注，中间还要变换道具，扇子、剑、双环等。在这个过程中，动静结合，呼吸相间，动则让思维随着优雅的音乐意守拳路而自然入静，整个过程安静自然而有序。等她们锻炼结束的时候，笔者就好奇地问她们练的是什么，她们说练的是 L 项目。听到这三个字，笔者欣喜若狂，心里想，原来这就是 L 项目啊，好奇的东西就在身边，就在眼前。笔者问她们大概多少人在这里锻炼，她们说她们都是 SAMQ 的会员。但是她们有时候会打别的套路的 L 项目，笔者很奇怪，怎么还有很多不一样的都叫 L 的项目？带着疑问，在老师的帮助下，笔者走访了 H 市体育局的老师，见到了那里专门教 L 项目的老师，在跟她的交流中，了解到了 L 项目的一些来龙去脉，还了解到有一个民间社团组织 SAMQ 就是以这个为主要项目，这个协会发展得很好。后来，带着好奇和期盼，笔者前往 SAMQ，见到了协会负责人，亭亭玉立的她，1.7 米的个头，秀美而又端庄。对于她那个年龄的女性，竟有如此魅力，不能不说是项目 L 创造的奇迹。

听她讲 L 项目的来龙去脉，听她讲项目发展的曲折历程，听她讲 SAMQ 组织发展的苦与泪……在交谈的过程中，笔者注意到，L 这个运动项目的发展离不开 SAMQ 这个民间社团组织的支撑，当然这个协会的发展也离不开 L 项目的推动，但是，自己坐下来仔细想的时候发现，在对项目的兴趣和对组织的兴趣之间选择的话，自己似乎对后者有更大的兴趣，这个协会纯粹是 L 项目爱好者自愿结合通过自下而上的途径发起的一个专门进行项目的推广以及健身的互益性组织。

据协会领导人讲，这是协会创编的一个全新的体育运动项目，

---

① 用"L 项目"表示 SAMQ 协会的核心健身项目，后同。

组织是自发成立的，组织的规模不断壮大，影响不断扩展。进一步了解发现，组织的法律身份是社团法人，治理结构属于组织自主型，重大决策和负责人的产生都是由组织自己决定，资金主要来源于会员缴纳的会费、为会员提供有偿服务的收费和协会通过自己的努力从社会中获取的一部分资金。开展的活动主要是为了满足会员的需要，换言之回应的主要是社会的需求而不是政府的需求，组织非常强调自治和民主，强调参与精神和志愿精神，非政府性和非营利性非常强，治理结构方面受政府干预较少，一定程度上讲，组织呈现出了不少西方社会民间社团组织所拥有的特征。在笔者看来，通过对这样一个运作良好的民间社团组织的发展过程的剖析和其运作机制的呈现，能够很好地反映我国民间社团组织的生存发展路径，也可以从中发现：社团组织的成长给我国民间社会的发展带来了哪些影响，民间社团的自治程度如何或者说民间社会的自主性是不是在逐渐提高。从这个意义上讲，这是个非常典型的个案，于是，跟导师商量之后决定以该社团为个案，探讨民间社团组织的生存发展机制问题。

第二节 文献综述

随着中国民间社团组织的发育、出现和成长，许多学者关注到这个新兴的领域，从不同的角度进行了大量的开创性工作，并积累了一批研究成果。这些研究成果，为我们理解、把握和进一步研究中国民间社团组织的发展提供了有益的指导和参考。

一 民间社团组织的相关研究回顾

（一）国家与社会关系视角

各类社团组织在中国社会的兴起和发展，吸引了大量社会科学界的学者来研究这一现象。学界普遍接受的观点：在"国家—社会"框架下展开的中国社团组织研究，隐含的一个理论预设是把社团组织作为转型期中国民间社会力量的表征，而把社团和政府的互动视为转型期中国国家与社会关系在微观层面的体现。① 在这个框架下，学者们围绕两种关系模式进行讨论：一种是国家与社会的分化，社会自主性增强甚至可以制衡国家权力；另一种是国家在与社会组织互动过程中占有主导地位，国家与社会之间是依附性关系而不是对抗性关系。

1. 社会与国家分离

具有里程碑意义的是，社团组织研究在 1990 年成为中外合作的实证研究课题，于是有以浙江萧山市社团发展为案例的中英文成果面世，英国学者戈登·怀特②成为最早将"公民社会"概念引入中国社团研究的学者。戈登·怀特通过对浙江省萧山地区的民间社团组织的实证研究指出：与改革引发的社会经济变化相契合，在国家与经济行动者之间一种非官方的、非正式的民间经济和组织正在出现，它们与国家体制的界限日益明显，它们的活动空间日益扩大，虽然这些组织仍需进入国家指导的运行网络，甚至还具有半官方地位，但是它们已经在利用体制提供的方便来促进民间的沟通，并为组织自身谋求利益。他认为，这些变化首先从经济领域开始，由社会的经济变迁带来了压力，迫使一些体制内组织发生变化，使它们转变了生存策略，重新界定了其他成员和组织的关系，从而引发了组织权威和社会成员基本关系的变化。而之前的中国社会组织缺乏自主性，它们的决定权总是自上而下的，现在则既有自上而下的成分，也有自下而上的成分。虽然，由于中国经济改革的不充分导致国家在经济领域中仍然保持着主导地位，使得当代中国的新兴社团呈现出"半官半民性"，但是可以预期的是，随着经济改革的加快，非国家部门的扩张将逐渐削弱国家的主导地位。

这种变化表明，中国的社会结构出现了新空间，连接国家和社会两方的协调性经济组织已经出现，它有了更多的自主性地位和权力，能够在一定程度上增进社会团体的利益。③ 在戈登·怀特看来，

① 庄晓东：《中国社团组织研究的三种视角》，《开发研究》2007 年第 3 期。

② Gordon White, "Prospects Civil Society in China: A Case Study of Xiao Shan City", *The Australian Journal of Chinese Affairs*, No. 29, 1993, pp. 68-69.

③ 张静：《法团主义》，中国社会科学出版社 2005 年版，第 162 页。

这项发展意味着国家和社会两边的权力平衡发生了变化，其特征表现为"双重体制"下的公私利益混合行动体。虽然"公"仍保持着支配优势，且"公域"和"私域"的分化尚不明显，但与1978年以前相比，混合公私以促进私益的现象已经普遍出现；虽然社会团体并未独立，但在很大程度上拥有了行动空间，获得了重要的中介地位。然而它们影响决策的程度有限，其扩大影响的主要方式，仍是"接近"体制，而不是对其形成压力。①

与此同时，国内学者王颖、折晓叶和孙炳耀等于1993年通过对同一地区浙江萧山的社团研究后指出：当代中国社团存在"官民二重性"现象。在他们看来，民间社团组织的民间性是来自成员自助、互益和自我管理的需要，而官办性则来自政府间接管理的需要。②但与怀特不同的是，他们不是将"半官半民性"看成是社会与国家的结构性分离下的公民社会的萌芽，而是持这样的观点："半官半民性"是社团在国家与社会之间复杂的互动关系下所呈现的一种状态。他们认为，中国社团组织当前出现的这种"官民二重性"是双轨经济体制的直接产物，是现阶段政府从直接管理向间接管理过渡的组织形式，随着双轨制的消失和改革的进一步深化，社团的官方性将逐渐式微，而民间性将逐步增强，"官办"特征将会向"官助"特征转变，即出现社团和政府共同管理社会的状况。

怀特、王颖等人对转型期中国社团组织的研究开创了转型期中国社团研究国家与社会关系视角的先河，其后有许多学者围绕民间社团组织的生长发育展开研究和讨论。比如学者朱健刚通过对上海里弄1980年以来邻里中的市民团体的集体行动怎样影响地方政府基层权力的变更，力图探讨国家与社会之间的关系状态。③

然而，也有一些学者认为中国的国家和社会之间没有明确的界

①　Gordon White, "Prospects Civil Society in China: A Case Study of Xiao Shan City", *The Australian Journal of Chinese Affairs*, No. 29, 1993, pp. 68-69.

②　王颖、折晓叶、孙炳耀:《社会中间层——改革与中国的社团组织》，中国发展出版社1993年版，第12页。

③　朱健刚:《国与家之间：上海邻里的市民团体与社区运动的民族志》，博士论文，香港中文大学，2002年。

限，社会对国家有很大的依附性①，用西方的概念工具观察中国的民间社团组织难以避免削足适履的风险，简单的"国家—社会"对立的二分法不易于正确解释世界，尤其是中国的非政府组织活动。②

2. 社会对国家的依附

同样在对中国社会转型方向的定性问题上，另外一派学者则试图回答"正在取代传统权威结构的究竟是什么样的结构？"

他们特别注意改革开放以后中国社会权力结构的一种新组合形式。他们倾向于认为，在原有体制的惯性下，社会原子正在以另一种新方式组织到国家体制的某一部分中去。从宏观结构上说，其整体的特征不是分立，而是多边合作、混合角色及相互依赖地发展。这种观察视角同前一种观点相反，它的结论是：中国近年的变迁不是型构或分化了国家与社会，而是混淆并模糊了国家与社会的分野。从这一判断出发，研究中国时关注的重点就不应该是新的社会行动或者组织的出现，以及它们如何从国家支配下获得自主性的问题，而应该是原来体制中的不同部分如何重新组合的问题。③

根据史密特（Schmitter）的理论，一些学者把中国的法团主义结构模式更细致化为国家法团主义④（state-corporatism）和社会主义国家法团主义⑤（socialist state corporatism），以此来描述那些利益被组织起来的（organized interests）社会团体，以及它们在政治体制中的作用。茹和奥尔托拉诺基于史密特提出的国家法团主义和社会法团主义概念，对与国家有密切联系的社团以及很大程度上独立于

---

① 赵秀梅：《中国 NGO 对政府的策略：一个初步考察》，《开放时代》2004 年第 6 期。

② 王绍光、何建宇：《中国的社团革命——中国人的结社版图》，《浙江学刊》2004 年第 6 期。

③ 张静：《法团主义》，中国社会科学出版社 2005 年版，第 165 页。

④ Chan, Anita, "Revolution or corporatism? Workers and trade unions in post-Mao China", *The Australian Journal of Chinese Affairs*, vol. 29, 1993, pp. 31-61. Unger, Jonathan and Chan, Anita, "China, Corporatism, and the East Asian Model". *The Australian Journal of Chinese Affairs*, Vol. 33, 1995, pp. 29-53.

⑤ Pearson, Margaret, "The Janus Face of Business Associations in China: Socialist Corporatism in Foreign Enterprises", *The Australian Journal of Chinese Affairs*. Vol. 31, 1994, pp. 25-46.

国家的社团进行了研究，考察了不同层次上的国家部门对社团注册和活动进行管理的有关政策和这些政策被有效执行的程度，以及社团对这些控制性政策的反应以及受到这些控制性政策的影响程度，最后用部门法团主义来描述中国社团组织与国家的关系，指出只要不改革社团管理条例中的业务主管单位的有关规定，部门法团主义结构就不会改变。①

学者康晓光认为，中国社团组织的地位是和国家与社会的关系密切相关的，中国的国家与社会之间的关系演变有国家法团主义、准国家法团主义和社会法团主义体制三个阶段。相应地，法团组织的地位在这三个阶段呈现出官方控制、官民合作和民间自治三种不同的特征。②

陈佩华（Anita Chan）和安戈（Jonthan Unger）基于对工会和商业协会的研究指出，目前中国的国家与社会关系是"法团主义模式"，赛奇（Tony Saich）也运用法团主义概念分析了改革过程中的国家与社会关系③。

王俊敏通过对中国社团20多年来的复苏与发展的考察，指出中国社团的发展主要是国家授权的产物，是国家专制权力逐步缩小的结果，而社团发展经历了国家放权初期的自由发展之后，又被国家法律纳入其行政体系，与国家处于"共生"状态，成为国家权力的延伸地带，由此在当前的国家与社团之间形成了"国家法团主义结构"。④

顾昕通过对近年来中国社团演变的研究，认为在中国市场转型过程中，中国国家与社会关系的变革是在法团主义的框架内展开的，并且中国社团空间的开放，同许多东亚国家一样，呈现出"强

---

① Ru, Jiang and Leonard Ortolano, "State Control of Environmental Non-Governmental Organizations in China", Sengo Conference, Beijing, 2004-04-24.

② 康晓光：《转型时期的中国社团》，《中国社会科学季刊》（香港）1999年冬季号总第28期。

③ 康晓光：《分类控制：当前中国大陆国家与社会关系研究》，《开放时代》2008年第2期。

④ 王俊敏：《从"授权"到"权能互授"——当前中国国家与社团关系中的法团结构》，硕士论文，北京大学，2000年。

国家"对"弱社会"的共同特征，提出了推进社会发展之道在于打破国家与社会的零和博弈，代之以国家与社会相互增权的新理念。①通过考察市场转型过程中国家与专业团体关系的演变，公民社会对抗国家的路径并不存在，也不相干，实际上，绝大多数专业性社团是从国家体制中分离出来，或是由在国有部门中工作的专业人士组建的，国家在专业性社团空间的发展中不仅维持了控制，而且提供了一定的支持，当政府进一步转变职能，在实现从全能型政府向服务型政府转变的过程中，把更多的服务递送工作转移给民间非营利组织（包括专业性社团）时，一个国家与社会相互增权的局面是可以期待的。②

徐永光认为，在政府与社会的权力对比格局中，政府始终处于绝对主导地位，因而非营利组织还没有能力自主选择和开辟自己的生存和发展空间，基本上处于"拾遗补阙"的地位，填补由于政府职能改变留下的空间。中国的非营利组织与政府的关系是"合作"而非"对抗"。③

贺立平从组织功能转移的角度，对转型期中国的半官方社团的让渡空间与拓展空间的形成过程进行分析，提出了"边缘替代"的概念来表述半官方社团在政府与社团关系中的状态和生存策略，并通过这一视角对转型期中国国家与社会的关系做出概括和解释，认为较为平等的中国国家与社会的独立状态在相当长的一段时间里不太可能出现，而在目前的社会转型阶段，中国的国家与社会关系被深深地打上了法团主义的烙印。④

徐建牛通过对大涌商会的案例研究，发现企业自发组织组建和自愿参与的经济社团的发展并未走向独立于国家，而是表现出典型

---

① 顾昕：《公民社会发展的法团主义之道——能促型国家与国家和社会的相互增权》，《浙江学刊》2004 年第 6 期。

② 顾昕、王旭：《从国家主义到法团主义——中国市场转型过程中国家与专业团体关系的演变》，《社会学研究》2005 年第 2 期。

③ 徐永光：《中国第三部门的现实处境及我们的任务》，载中国青少年发展基金会《处于十字路口的中国社团》，天津人民出版社 2001 年版。

④ 贺立平：《让渡空间与拓展空间：政府职能转变中的半官方社团研究》，博士学位论文，北京大学，2001 年。

的地方性国家法团主义的特征，虽然在服务会员、行业自律上商会拥有一定的自主性，但是，在经费来源、人事安排、职能履行等问题上，它对地方政府又存在组织性依附。①

法团主义这样一个线索强有力地支持着"国家与社会"的研究范式，把社会相对于国家控制的独立性、自主性作为关注的焦点。在过去的一段时间里，它有效地把握了以社团为标志的社会从全能国家脱胎出来的过程和方式。

社会对抗国家还是依附于国家这样的二分法是源于西方社会的概念，难免会招来一些学者对其应用于中国现实的有效性的质疑。同时，国内的一些学者也尝试基于中国的实际经验提出新的分析概念。在为什么针对中国的现实，却提出了如此之多并且截然不同的国家与社会关系模式这个问题上，学者康晓光认为这是因为中国太复杂也太大了，只要它的信奉者真诚地去寻找而且敢于忽视相反的事实，任何一种理论模型都可以在这里找到支持自己的经验资料。2005 年，康晓光和韩恒考察国家对多种社团组织的实际控制后指出：中国经过 20 多年的市场化改革，市场取代计划成为主导性的资源配置方式，总体体制也随之让位于权威主义体制，国家不再全面控制经济活动，也不再干预公民的个人和家庭生活，但仍然控制着"政治领域"和"公共领域"，而分类控制体系就是国家控制公共领域的基本策略和组织系统。在这一体系中，政府为了自身利益，根据社会组织的挑战能力和提供的公共物品，对不同的社会组织采取不同的控制策略。一方面，国家允许公民享有有限的结社自由，允许某些类型的社会组织存在，但不允许它们完全独立于国家之外，更不允许它们挑战自己的权威。另一方面，国家也有意识地利用各种社会组织提供公共物品的能力，使其发挥"拾遗补阙"的作用。实际上，这是一套国家利用"非政府方式"，在新的经济环境中，对社会实行全面控制的新体制。②

———————

① 徐建牛：《地方性国家法团主义：转型期的国家与社会关系》，《浙江学刊》2010 年第 5 期。
② 康晓光、韩恒：《分类控制：当前中国大陆国家与社会关系研究》，《社会学研究》2005 年第 6 期。

　　3. 国家与社会融合的视角

　　无论是强调社会与国家分离的视角，还是强调社会对国家依附的视角，它们有一个共同的特点，就是都侧重于国家与社会之间权力的分配状态。然而，国家与社会的关系既不是"国家中心的"，也不是"社会中心的"，而是"国家镶嵌在社会中"（state-in-society）。根据这一思路，学者们认为国家赋予社会行动者更大的力量，也就是所谓的"社会增权"（empowerment of society），并不一定削弱国家管制社会的权力；在某些情况下，运作良好的民间组织和制度可以构成所谓的"社会性基础设施"①（social infrastructure）的一部分，通过这些基础设施，社会的需求可以同国家的权力有效地实现沟通和整合，这样国家便可以更加有效地根据全社会民众的需要确定施政的目标，从而能够更加有效地为全社会更加广泛的利益要求服务。国家权力和社会力量两方面都各有若干不同因素在不同方向上相互交织和作用。这不仅仅是一个静态的权力配置结构，更是一个不断变化的动态过程，充满了冲突和妥协。正因为如此，才导致了一个不断变化的国家—社会关系。因此，我们不仅应该关注中国存在什么样的国家—社会关系这种状态，而且更应当关注国家—社会之间是怎样互动以及相互渗透的这个过程。②

　　在国际学术界，20世纪90年代中期以来，主张国家与社会可以协同发展、相互增权、相得益彰的各种理论和思潮层出不穷。哈佛大学政治学家罗伯特·D. 普特南（Robert D. Putnam）提出，活跃的民间组织可以通过社会资本的滋养推进公共机构的良好运作。加州大学伯克莱校区的经济社会学家皮特·埃文斯（Peter Evans）的"国家与社会协同论"认为成功的政府一方面要能够具有高度自主性、超脱于社会的特殊利益从而能高瞻远瞩地推动有利于社会长远发展的政策，但另一方面国家也必须同社会组织保持良好的互动

---

　　① "社会性基础设施"的概念同经济学中常见的物质性的"基础设施"概念相对照，现在已经成为社会政策研究中所谓"社会投资"理论的基石。

　　② 赵秀梅：《中国NGO对政府的策略：一个初步考察》，《开放时代》2004年第6期。

才能有效推动其政策。①

福斯特（Foster）以那些半官方的社团为对象研究了中国社团和国家的互动，研究发现，不仅半官方社团利用它们与国家之间的密切联系来提高社会参与，一些自治的社团组织也在积极寻求被国家行政体系所吸纳。该研究认为，在中国这样的社会中，国家与社会之间是相互渗透的，而不是单方向的国家控制社会或社会依附国家。② 研究对象半官方社团本身就是国家和社会的交叉部分，它们的官民二重性可以很好地体现中国国家和社会的交叉和融合以及相互的渗透。

菱田雅晴用"共生/两栖"来解释改革开放后中国的国家与社会在中间领域的这种"暧昧"关系。他认为，改革开放后，一方面改革开放引起的市场机制的扩张和国家主动放权给社会造成了非国家领域（经济、社会领域）的出现和扩张；另一方面，党国体制依然发挥着无以代替的主导作用。结果就是社会力量（经济组织、社会组织）需要依靠国家行政权威的力量来达到目的，出现了国家行政权威与社会力量的结合。③

甚至有学者提出，那些自主性强的、民主治理良好的民间社团组织，可以成为政府得力的助手。因此，强国家与强社会相得益彰的过程，绝非发达国家专有的现象，完全可以在中国实现。④

康晓光等进一步提出了"行政吸纳社会"的概念，认为在中国的社会转型过程中由于政府积极应对，采取"社会的方式"进入社会，在社会自治不断扩大的过程中成功地重建了行政控制，从而形成以"国家与社会融合"为特征的"行政吸纳社会"的制度模式。"限制"、"功能替代"和"优先满足强者利益"被认为是这种模式

---

① 顾昕等：《公民社会与国家的协同发展》，《开放时代》2006 年第 5 期。

② Foster, Kenneth W., "Associations in the Embrace of an Authoritarian State: State Domination of Society", *Studies in Comparative International Development*, Vol. 35, 2001, pp. 84-109.

③ 赵秀梅：《基层治理中的国家与社会关系——对一个参与社区公共服务的 NGO 的考察》，《开放时代》2008 年第 4 期。

④ 顾昕等：《公民社会与国家的协同发展》，《开放时代》2006 年第 5 期。

的三大机制。①

"国家在社会中"理论被学者们用来分析社团组织与国家的关系，他们指出，中国的民间组织正在从"政府的助手"变为"政府的合作者"，它们在从国家中分离出来的同时又以新的方式与之建立起连接：一方面，国家以特别的方式对民间组织进行管理，将其整合进政府系统；另一方面，民间组织也借用某些特殊的形式来获得合法性，如主动引入国家符号和进入国家正式体制参与公共决策。因此，中国民间组织的发展实际上带来了政府组织的扩张，只不过这种扩张方式不再是行政命令，而是一种基于利益表达基础上的有组织的服务。②

有学者对地方政府与民间社会之间协同发展进行了探讨，研究发现地方政府与民间社会在互动中会暂时悬置相关法规，互补自身的合法性不足，使"非法"与合法语境在法治框架中有效自如地进行时空转换，地方政府权威与民间社会权利在重建社会秩序中能够相得益彰、和谐共处。③

（二）合法性视角下的社团研究

20世纪90年代末以来，越来越多的学者开始引入"合法性"的概念和理论来解释转型期的中国社团组织的生成与生存问题，而这些研究所使用的合法性概念，大致有两个层面的含义。

一部分研究者是从韦伯、哈贝马斯等人关于合法性的理论出发，将合法性理解为"由于被判定或被相信符合某种规则而被承认或接受"④。在这里，"合法性"所表明的是某一事物具有被承认、被认可、被接受的基础，至于具体的基础是法律条文、社会规则、权威，还是惯习，则要看实际情况而定。

从韦伯和哈贝马斯等人关于合法性的论述出发，高丙中通过观

---

① 康晓光、韩恒：《行政吸纳社会——当前中国大陆国家与社会关系再研究》（http://www.nporuc.org/html/achievements/20090907/162.html）。

② 郁建兴、吴宇：《中国民间组织的兴起与国家——社会关系理论的转型》，《人文杂志》2003年第4期。

③ 陶庆：《合法性的时空转换——以南方市福街草根民间商会为例》，《社会》2008年第4期。

④ 高丙中：《社会团体的合法性问题》，《中国社会科学》2000年第2期。

察转型期前 20 年中国社团组织形成和发展的过程指出，中国的社团组织除了要从社会和法律获得合法性之外，还必须同时取得归口行政单位的认可和被证明"政治上正确"，方可获得合法的身份，而在转型期中国大部分社团组织是利用局部合法性予以兴起的。高丙中在研究中引申出了社会合法性、行政合法性、政治合法性和法律合法性等一组分析社团兴起和运作的操作性概念①。持同一概念和研究路径，王绽蕾认为对合法性构建的努力是转型期中国非政府组织兴起的一个重要原因。② 张立荣、金红磊则主张是政府自身合法性建构促成了转型期中国非政府组织的发展。③ 康晓光也持同样的观点，他把 20 世纪 90 年代以来中国社团的发展归因于政府的"政绩合法性建设"。④ 谢海定则研究了中国民间组织的合法性困境认为，中国民间组织存在严重的合法性问题，应当通过立法推进社团的制度变革，从控制型管理转向培育型管理。⑤

　　而另一部分研究则是在组织分析框架下沿着新制度主义"合法性机制"的研究路径。制度理论强调"合法性"机制的重要性，合法性机制是指那些诱使或迫使组织采纳在外部环境中具有合法性的组织结构或行为的一种制度力量。这里的"合法性"不仅仅是指法律制度的作用，而且包括了文化制度、观念制度、社会期待等制度环境对组织行为的影响。⑥ 它所使用的"合法性"，指的是构成某一组织运行的外部制度环境，并推动或制约组织变迁的一种制度性因素。自 1970 年以来有三个主要的理论流派强调环境与组织之间的互动关系，即种群生态学派（Population Ecology）、资源依赖学派（Resources Dependency）和新制度主义学派（New Institutionalism）。

---

① 高丙中：《社会团体的合法性问题》，《中国社会科学》2000 年第 2 期。
② 王绽蕾等：《论我国 NGO 的合法性建构》，《云南行政学院学报》2004 年第 6 期。
③ 张立荣、金红磊：《非政府组织的勃兴动因》，《湖北行政学院学报》2003 年第 4 期。
④ 康晓光：《转型时期的中国社团》，《中国社会科学季刊》（香港）1999 年冬季号总第 28 期。
⑤ 谢海定：《中国民间组织的合法性困境》，《法学研究》2004 年第 2 期。
⑥ 周雪光：《组织社会学十讲》，社会科学文献出版社 2003 年版，第 74 页。

其中新制度主义学派将社会文化理论作为自己重要的理论来源之一，以梅耶（John Meyer）、罗文（Brian Rowan）、迪马奇奥（Paul Dimaggio）和鲍威尔（Walter Powell）等人为代表，其中制度的"形同质异"（Institutional Isomorphism）这一概念的提出和重新界定为中国学者所吸引。在新制度主义者看来，个别组织生存于其中的环境，并非只包含技术、市场或其他众所周知的经济—技术因素，更为重要的是，环境中还包含了所谓的"合法性"维度在内，因此组织生存环境可以被称为一种"制度化的环境"。在现代社会中，"理性化"已经变为一种"神话"（myth），其伴随着相应的"仪式"（ceremony）渗透于环境之中，构成从外部强加给所有正式组织的制度性压力；这些压力导致组织的"同形式变迁"（Isomorphic Change），即迫使所有的正式组织无论其日常行动如何，都必须不断地变更自身结构，内化各种合法性要求，以与周围的制度环境"同形"，由此造就了全社会范围内正式组织的制度"同化"趋势，形成了现代组织的"制度的形同质异"特征。① 可见，形同质异实际上是组织寻求合法性的一个结果。

在这个框架下进行的研究主要有：陈剩勇、马斌引入新制度主义关于"社会合法性"的概念，对温州民间商会的生发机制的考察和解释。② 他们以温州服装商会为典型案例，重点探讨了在社会转型过程中，民间商会组织的自组织资源汲取能力的增强、组织化程度的提高、自治规则的完善、行政依赖性的弱化、社会合法性的成长、与政府关系的理性化等一系列的制度变迁过程，提出了民间商会自主治理机制的生成和演进逻辑，并且提出了体制外生成的民间行会组织产生、发展过程就是一个不断挖掘、发展和巩固社会合法性的过程。在这个过程中，随着民间商会自主治理机制的建立，它们与政府间的相互关系逐步从人格化的"关系性合意"过渡到准制度化合作。

---

① 沈原：《市场、阶级与社会：转型社会学的关键议题》，社会科学文献出版社2007年版，第305—306页。

② 陈剩勇、马斌：《温州民间商会：自主治理的制度分析——温州服装商会的典型研究》，《管理世界》2004年第12期。

田凯沿袭迈耶和罗文开创的"组织趋同性"的新制度主义研究路径，同时纳入了种群生态学家关于组织形式的研究，对转型期中国慈善组织的生成机制和运作逻辑进行了理论上的阐述。田凯的研究主要是针对 20 世纪 90 年代中后期，从中国政府内部分化出来的众多慈善组织建立的动力机制和制度基础展开，具体分析了在转型期中国的非协调性制度环境的约束下，慈善组织是如何运作，以取得组织领域参与者的合法性认同，并获得生存所必需的资源的。在研究中，田凯提出，转型期中国的慈善组织存在着明显的组织形式与实际运作不一致的现象，而这种不一致是非协调的制度环境对组织行动实施约束的结果，是组织面对制度环境的压力采取的理性的生存策略；政府的资源获得需求与社会控制需求之间的持久张力，是慈善组织的形式与运作脱离的制度根源。

孙立平等对转型期中国第三部门募捐机制的形成和运作进行了研究，认为，合法性既是构成转型期中国非政府组织生存环境的一个制度性因素，同时，也是这些组织在实际运作过程中与政府、市场和社会进行互动的一种机制。这项研究中研究者虽未明确提出与新制度主义组织理论之间的联系，但笔者认为，他们在研究中所使用的合法性分析，在研究路径上与新制度主义的"合法性机制"的解释逻辑是一致的。

沈原、孙五三以中国青基会为个案，揭示了"体制依赖"是当今全国大大小小、各式各样的官办社会团体的实质之所在，其决定了这些社团组织的"形同质异"特征，这一点在全国性社团的层面上表现得尤为明显。在这些社团组织的演化过程中，它们若想摆脱体制的操弄，走上"社会化"的进程，就不得不设法摆脱此种"体制依赖"，而国际交往活动或组织学习的"远邻效应"是推动它们发生"质变性演化"的一个重要力量。①

唐斌对上海一个禁毒机构的研究认为，该机构之所以呈现出组织形式与运作实际相分离现象，并非完全如同梅耶和罗文所说的是

---

① 沈原：《市场、阶级与社会：转型社会学的关键议题》，社会科学文献出版社 2007 年版，第 301 页。

为了既维持组织合法性又保持组织的技术效率，而很大程度上是一个外在的、强大的力量（如政府）对该组织实施制度化控制的结果。这个外在的强大力量对该组织实施控制的目的在于，通过强力和诱导使该组织的一切活动按照它所规定与期望的方式进行，从而间接实现其部门利益。①

（三）社会资本理论视角中的社团研究

过去十多年，社会资本（Social Capital）理论为理解社团提供了不同的视角。社会资本理论认为，社团是否独立于国家的控制并非关键问题，而更在乎在结构化的组织形式中人们彼此联结的程度有多高。如果说国家与社会关系视角强调社团对整体政治形态的"外在"效应（如平衡国家权力），而社会资本视角则关注社团对成员个体思维和行为方式的"内在效应"。②

普特南通过研究意大利南北两地在经济及管制方面的差异，发现北部的公民组织比南部发达，令人们有更多的机会交往，从而建立互信和一些互助的传统，最后减少了在创造公共物品时的"交易成本"，有利于当地的经济和公共服务的发展。普特南认为同样的民主制度在不同的地方有着不同的效果，不仅是由于政府本身，而且还依赖于当地的公民社区，即有多少公民组织积极参与公共事务。他以集体行动的理论分析这些公民组织和个人构成了民主的社会资本，这一资本包括公民参与的网络、普遍互惠的规范以及彼此的信任，认为社会资本提供一种社会和组织的基础，应发展公民参与网络。③

陈健民、丘海雄运用社会资本的概念分析社团如何缔造人与人之间的信任和互惠的规范，提高政府的绩效和促进经济的发展。他们通过对广州社团的研究，认为只有当社团拥有较大程度的自主性及独立资源时，才能发挥市民社区的作用。研究表明政治社团多向

---

① 唐斌：《禁毒非营利组织及其运作机制研究》，博士论文，上海大学，2006年。

② 王绍光、何建宇：《中国的社团革命：中国人的结社版图》，《浙江学刊》2004年第6期。

③ ［美］罗伯特·D. 帕特南：《使民主运转起来》，王列、赖海榕译，江西人民出版社2001年版，第213—217页。

主管部门负责，经济性及联谊性社团较多向会员负责，福利、卫生、公共服务、文化性社团多向社会负责。陈、丘的研究采取市民社区的视点，把社区视为一种社会自办、透过促进人与人之间的沟通与合作，缔造互惠、互信的规范，以期减少机会主义行为，最终对政治和经济发展做出贡献，总的研究思路表达为"社团—沟通合作—平等交换规范—互信—社会资本—政经发展"。市民社区理论认为，垂直控制和对政府的依赖会破坏平等横向的联系，因此社团必须从独立自主走向社会，但并不意味市民社区必然与政府对立。因为互信、合作乃是市民社区的文化基础。社团在处理与政府的矛盾时亦会是有理性和有组织的。①

还有学者用社会资本分析的视角对行业协会的组织运作进行研究，认为本地社会文化传统与社会资本状况对于行业协会的成长有着至关重要的影响，它不仅影响着行业协会的组织层级设置，而且也限制或推动着协会契入当地的制度并成为制度体系的一部分，行业协会组织运作各类型间的动态演化不仅体现了效率机制与合法性机制的交替作用，也揭示了行动者互动及其相互关系对于塑造行业协会乃至建构公民社会的重要意义。②

除了上述几种理论视角，还有学者于晓虹、李姿姿基于经济社会学中交易成本概念和社会学的社会互动理论中的交换理论进行民间组织研究的，这里不予详述。

另外，最具有代表性的个案研究就是关于中国青少年发展基金会的个案研究。青基会以其强大的社会动员能力和成功主持"希望工程"的巨大成就而成为当代中国非政府组织的典范，因而围绕着青基会出现了一系列研究成果。例如，王绍光的《多元与统一：第三部门国际比较》；秦晖的《政府与企业以外的现代化：中西公益事业史比较研究》；孙立平等的《动员与参与：第三部门募捐机制个案研究》；郭于华等的《事业共同体：第三部门激励机制个案探

---

① 陈健民、丘海雄：《社团、社会资本与政经发展》，《社会学研究》1999 年第 4 期。

② 吴军民：《行业协会的组织运作：一种社会资本分析视角——以广东南海专业镇行业协会为例》，《管理世界》2005 年第 10 期。

索》；周志忍等的《自律与他律：第三部门监督机构个案研究》；中
国科技促进会的《捐款是怎样花的：希望工程效益评估报告》；苏
力等的《规制与发展：第三部门的法律环境》；康晓光的《权力的
转移——转型时期中国权力格局的变迁》。尤其是以"第三部门研
究"为主题的研究，对青基会在"希望工程"中的募捐机制、资助
方式、激励机制、监督机制、法律环境、文化功能、效益评估、发
展模式、发展历史和国际比较等方面都进行了全面而有益的探讨。

还有清华大学致力于民间组织研究的 NGO 研究中心，该中心一
方面采用个案研究的方式对社会团体、基金会、民办非企业单位、
草根组织、境外在华 NGO 等进行观察和分析；另一方面通过问卷
调查在若干城市乃至全国范围内组织开展了多次大规模的实证研
究，同时在个案和问卷研究基础上探索对民间组织的评估体系、战
略规划、法律政策环境等问题的规范研究，先后出版了多部研究
报告。

二 文献评述

从现有对社团组织进行研究的文献中可以看出，社团研究从宏
观层面逐渐向微观层面过渡，宏观层面主要是在国家与社会关系框
架下进行的研究，中观层面主要是从组织的视角进行的研究，微观
层面主要是从社团为社团内部成员和整个社会带来的社会资本增量
角度进行的研究。下面从以下几个方面对现有文献做简单评述。

（一）国家与社会关系视角对中国的解释缺乏现实根基

国家与社会关系视角下主张社会与国家分离的学者着眼于社会
组织的蓬勃发展，以及随之而来的公共领域的开放以及自由民主的
想象，其中大多数研究者认为社会是国家和家庭之间的一个中介性
的社团领域，这一领域由同国家相分离的组织所占据，这些组织在
同国家的关系上享有自主权并由社会成员自愿结合而形成，以保护
或增进他们的利益或价值"[①]。认为社会对国家依附的学者则是强调

[①]　［英］戈登·怀特：《公民社会、民主化和发展：廓清分析的范围》，载何增科
主编《公民社会与第三部门》，社会科学文献出版社 2000 年版。

党与政府通过制度环境的构建和各种控制策略的运用，大幅压缩社会组织，"在中国，所有类型的社团均在一整套治理民间组织的行政法规体系中展开活动。这套监管体系是在特定的历史背景下产生的，强大的国家主义遗产在这一体系中留下了深刻的烙印"①，中国社团监管体系体现了国家对民间社团组织的高度防范，维持着国家对社团的有效控制。无论强调社会与国家的分离和对抗，还是强调社会对国家的依附或者国家对社会的控制，两种视角下的研究都侧重于国家与社会之间权力的分配状态，是一种静态的结构分析。然而，国家与社会关系既不是"国家中心的"，也不是"社会中心的"，而是"国家镶嵌在社会中"，国家权力和社会力量两方面中都各有若干不同因素在不同方向上相互交织和作用。②这些观点也许适合或部分适合西方的情况，但它们既不符合中国的传统，也不符合中国的现实，不能照搬。事实上，把国家和社会对立起来的观点根本不适合中国的社会建设。学者郑杭生认为这种观点是"无根的观点"，因为它在中国既没有历史的根基，也没有现实的根基。③

　　尽管这两种路径截然不同，但是这些学者得出的结论却有共同之处，即认为国家权力与民间组织之间有着模糊的、不稳定的交叉互动，它既不完全脱离制度所明文规定的关系，同时也有着独立化的趋势。但是，这两种理论路径却又难以较为清晰地界定这种关系，原因在于这两种理论路径都属于静态结构分析，而国家权力与社会力量之间的互动却是一种不断变化的、充满冲突与妥协的动态过程。④

---

　　① 顾昕、王旭：《从国家主义到法团主义——中国市场转型过程中国家与专业团体关系的演变》，《社会学研究》2005 年第 2 期。

　　② 张紧跟、庄文嘉：《非正式政治：一个草根 NGO 的行动策略——以广州业主委员会联谊会筹备委员会为例》，《社会学研究》2008 年第 2 期。

　　③ 郑杭生：《社会建设和社会管理研究与中国社会学使命》，《社会学研究》2011 年第 4 期。

　　④ 张紧跟、庄文嘉：《非正式政治：一个草根 NGO 的行动策略——以广州业主委员会联谊会筹备委员会为例》，《社会学研究》2008 年第 2 期。

（二）国家与社会关系视角下的研究难以捕捉民间社团组织的微观行动实践

国家与社会关系视角下的社团组织研究往往是一种宏大叙事，缺乏微观层面的分析基础，这种宏观的分析视角难以捕捉社团组织在社会中的微观行动实践。

已有的研究呈现出学者们往往把社团组织当作一个事实性的结果去看待，在研究国家与社会关系视角观照下的政府与社团之间的关系时，往往停留在二元判断上，不是合作就是对抗，而对微观层面的真实的互动过程关注较少。近年来，有些学者已经意识到在这一宏观范式下的研究难以取得大的进展，转而较为微观层面的分析。

此外，在已有的对转型期中国社团组织与政府互动关系的解析中，大多数研究采取一种"静态"的视角，而没有从一个动态的过程角度来进行观察和解释。而事实上，既然社会转型是一个不断推进的过程，身处其中的社团组织也必然呈现出不断变迁的特征，同时它们与政府之间的关系也处于不断变化中。也就是说，在社会转型过程中，社团组织同政府之间的互动必然是一种"动态"关系，而非"静态"的平衡，因而，如何在一种"动态"的视角下观察当代中国社团组织的发展轨迹，对于社团组织的发展和第三部门的壮大显得尤为重要。

（三）已有组织理论视角的研究难以与西方组织理论形成对话

在这一领域中，以往的研究没有与西方已有的理论建立起有机联系，缺乏和西方学术界已有的组织理论的对话。虽然，近年来，有部分学者在研究中引入了社会资本理论、理性选择理论和新制度主义理论的一些概念、分析工具和研究方法，但总的来说，这样的研究成果，尤其是经验性的研究成果还十分缺乏，或者说，还只处于起步阶段。

（四）忽视中国民间社团组织兴起的社会背景的特殊性

大多数社团研究者都认为中国社团的兴起是基于20世纪70年代末开始的政府神话的破灭和90年代市场神话的打破，政府与市场的"双重失灵"；是政治资源、社会资源和文化资源等逐步由政府向民间流转的结果；是政府和社会共同为建设"小政府、大社会"的目标而进行的制度尝试的结果。① 这一判断较为客观地描述了中国社团组织的发展是随着中国的改革开放尤其是政府的机构改革而兴起的事实。但这种判断容易与西方非政府组织兴起的社会历史背景相混淆。当代西方非政府组织的兴起是 20 世纪 70 年代伴随着西方福利主义与自由市场的"双重失灵"而产生的。从社会发展阶段的划分来看，当代西方的非政府组织的兴起是对现代性缺陷的一种改良。而中国非政府组织兴起时国家属于高度集权的国家形态并不是西方意义上的福利主义国家，其"政府失灵"也不是西方意义上的政府失败。同样，中国的"市场失灵"与西方的"市场失灵"也存在着本质的区别。中国的"市场失灵"更多的是指市场经济的不完善，在政府权力介入下的市场扭曲；而西方意义上的"市场失灵"则指的是完善的自由市场经济的本质缺陷，这完全是两回事。不同时代背景下的非政府组织尽管表面上呈现出诸多的相似点，但不能无视其本质的相异。② 在讨论中国 NGO 兴起的原因时，国内的许多学者往往将视角局限于对政府组织与市场组织的变迁上，而缺少一种更为广阔的研究视角，对于我国这样一个处于转型时期的社会来讲，民间社团组织的兴起应有其更加广阔的社会生态环境背景。从这个层面上讲，加强对中国社团组织生存发展的社会环境的研究显得十分重要。

中国民间社团组织发展的环境有着独有的特征，中国社会是一个典型的政府主导型的社会，这也就决定了中国民间社团组织的发展面临着独特的生存环境。而社会转型期向我们展现了一个重要的事实就是：社会的自主性在不断地增强，同时也是国家释放的社会空间在不断扩展的过程。国家控制形式的变化和社会空间释放的主要表现形式就是社会制度的不断变化，制度的不断变化为社团的生

---

① 吴锦良：《政府改革与第三部门发展》，中国社会科学出版社 2001 年版，第 115 页。王名、刘国翰、何建宇：《中国社团改革——从政府选择到社会选择》，社会科学文献出版社 2001 年版，第 10 页。赵黎青：《非营利部门与中国发展》，香港社会科学出版社 2001 年版，第 78 —83 页。

② 崔开云：《近年来我国非政府组织研究述评》，《东南学术》2003 年第 3 期。

存发展带来了一定的空间。其次，民间社团作为组织，要想获得生存和发展，除了生存发展的空间外，还需要生存发展所需要的资源，它是如何在释放的空间中在社会中争取自身生存发展所需要的资源的，在其中采取了什么样的行动策略。

本书选取民间发起的无任何官方背景的自下而上成立的民间社团组织为研究对象，通过分析社团组织生存发展的外部环境，主要是制度环境和技术环境的变化为社团发展带来的空间的变化，考察民间社团组织如何巧妙地利用国家不断释放的社会空间维持自己的生存和发展？在不断发展的动态过程中又是如何争取自身发展所需要的资源的？在其中采取了哪些行动策略？这主要涉及社团组织与外部环境的关系问题。

第二章

研究设计

第一节　个案介绍

在全民健身活动中，巾帼不让须眉，妇女朋友无疑是一支重要的方面军。"万里赴戎机，关山度若飞"，与古代巾帼英雄 HML① 的爱国、爱家思想一脉相传，L 项目②这项融中华武术之刚健和现代健美之柔和为一体的武术运动，充分展示了我国现代妇女坚毅、优雅和英姿勃发的风采。由于它具有的科学性、合理性和审美价值，一经问世很快成为广大群众，尤其是妇女朋友首选的健身健美的运动。作为一个年轻的体育项目，L 项目发展至今已有 30 多年的历史了。体育运动的发展离不开组织的有力支撑，1988 年 10 月，广大 L 项目爱好者为了更好地推广、发展 L 项目，自愿成立了一个以 L 项目为核心活动项目的健身协会，成为经过 H 市体育局批准，H 市民政局注册，具有法人代表的专业性社团组织。

一　协会的发展简史

（一）H 市武术馆 L 项目研究会——SAMQ 的前身

1988 年 10 月，在 H 市体委领导的关心下，经过两次艰辛申报的 H 市武术馆 L 项目研究会在 C 区（H 市某行政区）工人俱乐部成立，会员 500 多人。当时 L 项目已经有十年的群众基础，研究会的

---

① 遵照学术惯例，书中出现人名一律用字母代替，下同。
② 用字母 L 代表协会所进行的核心项目，下同。

成立使得 L 项目从自发走向自觉的、有组织的健身运动。研究会举办 L 项目统一规范套路培训班，培训了 100 多名项目辅导员，参加中日友好太极拳比赛，其中研究会作交流表演自己的项目，举办了第一届 L 项目技艺交流比赛，还在 H 市团体剑术邀请赛中荣获第一名。

为了进一步推广普及 L 项目，让更多的人享受到这项运动的乐趣，曾经是最吸引市民的娱乐场所的 H 市 DSJ（H 市著名的地方，曾经有不来 DSJ，枉来 H 市之称）顺理成章成了对外宣传的窗口，L 项目研究会决定把活动开展场所放在那里，并在那里成立了 H 市 DSJ 的 L 项目总会，项目的魅力引来了更多市民的关注和参与，成了 DSJ 里最受欢迎的活动之一。"当时那里面有搞戏曲的，杂技的等，XX 科科长就看中了 L 项目，想拿来运作一下，搞点名堂出来，就成立了武术体育竞技中心，L 项目也被盯上而被拉进去，之后中心的人员掀起了一阵创编 L 项目技术的高潮，后来，出于种种原因，L 项目研究会退出 DSJ 武术体育竞技中心，回归自己的社会团体定位。"①

（二）成立社会团体 SAMQ

退出 DSJ 武术体育竞技中心之后，正值国务院进行机构改革之时，社团管理的职能明确交给了民政部门来管理。发生在 1989 年春天的政治事件使政府意识到社团发展的深远影响，意识到迅速改革社团管理体制的重要性和紧迫性，1989 年 10 月，国务院发布了《社会团体登记管理条例》，建立了社团的双重分层管理体制。经过四年的发展，1992 年协会根据国务院文件关于社会团体重新登记条例精神，H 市 L 项目研究会经过整顿重新登记注册成为 SAMQ，成为 H 市唯一合法的具有法人代表的以 L 项目为核心的社会团体组织。

（三）协会核心项目——L 项目的发展

协会经过几年的发展，L 项目经过不断实践和创新，1995 年 6 月国家武术管理中心专门组织武术专家在江苏常熟召开中国武协"L 项目评审会"，经过四天的严格评审，形成了《中国武术协会 L

---

① 资料来源于对 SAMQ 领导人的访谈。

项目评审会纪要》：正式确立协会所创编的 L 项目基本属于武术范畴，由协会负责人创编的 L 项目规范套路也被基本认可，并由国家武术管理中心以国体总 76 号文件下达至全国各省市体委，L 项目的官方认可为协会的进一步发展奠定了良好的基础。1998 年 4 月，中国武术协会再次召开 L 项目竞赛套路评审会，经过严格评审最后确立由协会负责人主编的 L 项目中 Q 二十八式、S 三十八式、J 四十八式①为全国 L 项目竞赛规定套路，并以 127 号文件发放到全国各省市体育局、武术协会。随着健身热潮不断兴起，为了规范 L 项目的发展，H 市体委、H 武术院举办了 H 市 L 项目社会体育指导员培训班，协会多名教练员参加了培训，教练员队伍的素质进一步得到提高，优秀的社会体育指导员是协会发展的重要的人力资本，在协会践行全民健身计划纲要的实践中起着重要作用。

1999 年 7 月 22 日，《中共中央关于共产党员不准修炼"法轮大法"的通知》、《中华人民共和国民政部关于取缔法轮大法研究会的决定》等文件发布，而"此时的 SAMQ 的规模不断扩大，只教练员就接近 400 个，每个教练员下面又有很多学员，再加上 L 项目套路的不一致，民众之间很容易起争执，这时国家体育总局决定出台一个国家规定套路来整合和规范 L 项目的发展，委托 H 市武术院编套路（H 市是 L 项目的发源地）。2000 年，国家体育总局武术管理中心审定出版 L 项目国家规定套路，H 市武术院改编的套路是结合 SAMQ 的套路和 DSJ 的 L 项目的套路，重新选择音乐而编成的。同时 H 市武术院开办辅导班，把新的国家规定套路教给群众"。②

至此，L 项目的第三流派诞生，由一枝独秀变为"SAMQ 的中华武术 L 项目套路、DSJ 的中国 L 项目套路、武术院的国家规定套路"三足鼎立。

此时的 SAMQ 一度陷入低谷，会员被分离了一大部分出去，协会内部出现分裂。另外，"国家规定套路如果举办比赛，直接从 H 市体育局发文到区体育局再到各个基层单位……而只有走这样的

---

① Q 代表徒手，没有道具的套路；S 代表手中的道具是扇子的套路；J 代表手中的道具是剑的套路。

② 资料来源于对 H 市武术院 L 项目国家规定套路专职教练的访谈。

渠道，辅导站里才有可能获得经费支持，而协会作为民间社团组织，没有这个权力，只能是发文给我们自己的每个辅导站，然后每个辅导站自己想办法，协会的内部沟通渠道不可能获得街道的经费支持，所以协会活动的开展面临很大的问题，内部成员也会因为规定套路的辅导站的获奖奖励等而被吸引过去"①。

面临困境，协会上下齐心协力，渡过难关，推进 L 项目的向前发展。SAMQ 的中华武术 L 项目深得广大健身群众的喜爱，协会的发展也不断进步，进入平稳发展时期。

二 协会的组织架构

协会设主席、副主席和秘书长各一名，大区长②四名（见图 2—1），协会的组织原则是民主集中制；协会的最高权力机关是会员代表大会，会员代表大会每四年召开一次，必要时可提前或延期。但换届延期不得超过一年。

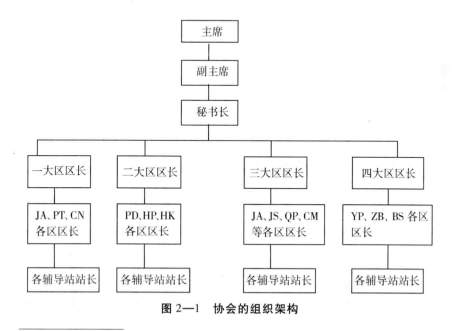

图 2—1 协会的组织架构

---

① 资料来源于对 SAMQ 某辅导站站长 ZY 的访谈。
② 这里的"区长"指的是 SAMQ 内部的基层负责人称谓。

三　协会日常活动的开展

协会的日常活动以辅导站的形式定期、定时、定点开展 L 项目运动（辅导站的成立必须经归属单位盖章同意，SAMQ 协会批准，同时要服从挂靠单位的领导、配合挂靠单位的工作）。SAMQ 协会定期举行大型比赛，遇到重大节日举行大型展示活动。

四　协会的宗旨和主要任务[①]

协会的宗旨是：贯彻"发展体育运动，增强人民体质"的方针，坚持党的四项基本原则，遵守国家宪法和法律，为丰富人民生活、奋发精神、健康体魄、为社会主义"两个文明"建设做出贡献。

协会的主要任务是宣传贯彻党的体育方针政策；领导组织本市 L 项目和处理有关的日常事务；组织开展 L 项目交流比赛及理论研究，推广普及 L 项目；组织开展与 L 项目相近的事业。

协会的业务范围是组织开展 L 项目比赛，组织相关的学术讨论、培训、咨询，编写出版 L 项目系列资料。

五　成就和荣誉

SAMQ 从成立时的 500 多名会员发展到 2 万名会员，从一个健身点发展到近 300 个 L 项目辅导点，从公园到社区、从学校到机关、从街道到楼宇都能见到协会 L 项目辅导点的身影。并成功举办了 H 市 21 届 L 项目比赛、两届全国 L 项目理论研讨会、六届国际 L 项目邀请赛、五届全国 L 项目邀请赛、四届全国 L 项目培训班，并光荣地参加了全国八运会、全国农运会、亚运会，H 市第九、第十、第十一届运动会等开幕式的大型表演以及各种展示活动的演出。

协会所获得荣誉有：1995 年 H 市先进单位；SAMQ 经济实体被评为 2004 年 JA 区光彩事业先进企业；协会 L 项目被评为"H 市妇

---

① 资料来源于《SAMQ 协会守则》（2002 年修订版）。

女工作的十大（品牌）项目之一"和"最受群众喜爱的十大健身运动之一"；SAMQ 被评为 2002—2006 年 H 市群众体育先进单位；SAMQ 被评为 2006—2007 年 H 市先进体育社团；SAMQ 实体被 H 市总工会评为"H 市女职工创业示范点"。

协会成立于 1988 年，至今已有 20 多年的历史，属于成立较早的民间社团，它是伴随着改革开放，伴随着我国社团管理体制改革而成长起来的组织。从协会的发展历程、获得的荣誉、取得的成就来看，这是一个较为成功的民间社团组织，或者说运作良好的民间社团组织。然而，在社会空间不断扩展，制度环境不断变化，项目发展状况不断复杂化的情况下（技术环境），并不是所有的社团组织都能像 SAMQ 运转得这样成功。那么，作为一个民间发起的，资金来源靠自己而非靠政府，治理结构属自主性的，内部强调参与精神和志愿精神的这样充满西方社团组织特征的社团组织，面临中国这样复杂的环境，它是如何生存和发展起来的，其中采取了哪些行动策略，这些无疑为中国社团组织的研究提供了非常典型的实证材料。通过对它的剖析，可以看到中国民间社团组织生存发展的艰辛历程，同时，一定程度上可以反映出我国社会自主性的不断增长。因此，笔者认为，这是一个非常典型的个案，也是一个值得认真剖析的个案。

第二节　研究设计

一　概念界定

（一）民间社团组织

本书的民间社团组织指的是有着共同利益追求的公民自愿组成的社团组织。它有以下四个显著的特点：其一，非政府性，即这些组织是以民间的形式出现的，不代表政府或国家的立场；其二，非营利性，即它们不把获取利润当作生存的主要目的，而通常是互益型组织或者把提供公益和公共服务当作其主要目标；其三，相对独立性，即它们拥有自己的组织机制和管理机制，有独立的经济来源，无论在政治上、管理上，还是在财政上，它们都在相当程度上独立于政府；其四，自愿性，参加民间社团组织的成员不是被强迫的，而是完全自愿的。

（二）制度环境

主要指以国家为主体的直接的和间接的社会管理制度，其与社会性、观念性制度相互交织，共同形成作用于社会团体的"制度丛"①。本书中，制度主要包含两个层次：一是宏观的体制环境，即以国家为主体的有关经济、政治、社会等对社会结构的变动产生影响的制度和政策；二是法制环境，即民间社团组织所面临的具体的相关制度政策，即一个社团组织所处的法律制度、文化期待、社会规范、观念制度等为人们"广为接受"的社会事实，这里主要包括五个方面的内容：宪法、法律、行政法规、党的政策、非正式制度。

（三）技术环境

在梅耶和斯科特看来，技术环境指的是组织生产用于市场中交换的产品和服务的环境。在技术环境中，组织由于产品服务质量的改进和产量的提高而受到奖励。技术环境鼓励了有效协调技术工作的理性化结构的发展。结合民间社团组织的实际情况，本书中的技术环境主要指的是影响民间社团组织核心项目发展推广所面临的环境，分为项目内部各种流派构成的环境和项目与其他健身项目构成的环境。

（四）组织资源

吉登斯把资源定义为"使事情发生的能力"②，科尔曼认为资源是那些能够满足人们需要和利益的物品和非物品③。组织社会学家们极其强调资源对于组织的发展作用，斯科特认为，组织从来就不会自动地凸显出来，它需要资源的聚集和利用。这些资源包括物

---

① 李友梅：《自主性的增长：制度与生活视野下的中国社会生活变迁》，《上海市社会科学界第六届学术年会论文集（2008年度主题卷）》，上海人民出版社2008年版，第331—342页。

② ［英］安东尼·吉登斯：《社会的构成：结构化理论大纲》，李康等译，生活·读书·新知三联书店1998年版，第170页。

③ 转引自李路路、李汉林《单位组织中的资源获得》，《中国社会科学》1999年第6期。

资、能量、信息和人员等。① 本书的社团组织资源主要包括以下几个方面：（1）维持社团基本活动的资源：包括资金支持、活动场所、人力资源；（2）体制资源：有关社团的制度政策的出台等信息，为社团组织的发展拓展空间；（3）符号资源，即社会和政治方面的支持：合法性的获得②以及社团内外部成员对社团的认同等。

（五）组织运作

指的是组织在外部环境与资源条件下的实际运行过程、组织方式，以及资源投入与摄取乃至与环境交换活动等的总和。"组织运作"概念的一个方法论上的意义，是强调作为行动者的组织在面对外部环境时富有能动作用的一面。③ 这里民间社团组织的运作指的是民间社团组织面对制度环境和技术环境而进行的实际运行过程和所采取的行动策略。

二　研究方法

（一）研究类型

本书在研究类型上属于个案研究（case study）。

对于个案研究，常常有这样的认识，案例研究只适用于研究活动的探索阶段，调查法和历史分析法适合用于描述阶段，而实验法则是解释事物间因果关系的唯一手段，这种观念又反过来强化了这种印象：个案研究充其量是一种初级研究方法，不适合用于描述或者验证某一命题。实际上这种看法是很值得怀疑的，每种研究方法都服务于三种目的——探索、描述和解释。只是在选择研究方法之前必须考虑三个条件：该研究所要回答的问题的类型是什么，研究者对研究对象及事件的控制程度如何，研究的重心是当前发生的事或者是过去发生的事。个案研究最适合：研究的问题类型是"怎么

---

① ［美］W. 理查德·斯科特：《组织理论：理性、自然和开放系统》，黄洋等译，华夏出版社 2001 年版，第 159 页。

② 费显政：《资源依赖学派之组织与环境关系理论评介》，《武汉大学学报》（哲学社会科学版）2005 年第 4 期。

③ 田凯：《非协调约束与组织运作——中国慈善组织与政府关系的个案研究》，商务印书馆 2004 年版，第 65 页。

样"和"为什么",研究对象是目前正在发生的事件,研究者对于当前正在发生的事件不能控制或极少能控制。①

另外,针对个案研究,人们常常发出这样的疑问:对单个个案的研究,能有代表性吗?能有多大的代表性?个案研究的结论怎么能推论到总体?实际上,关于个案研究的代表性问题是"虚假问题",因为个案研究并不一定要求个案具有代表性。个案研究方法的逻辑基础不是统计性的扩大化推理(从样本推论到总体),而是分析性的扩大化推理(从个案上升到理论),个案研究的目的主要是通过解剖"麻雀",即对具有典型意义的个案进行研究,形成对某一类共性(或现象)的较为深入、详细和全面的认识,所以个案所需要的不是代表性,而是典型性。②

本书的目的不在于对中国民间社团组织的范围、规模和发展状况做出全面描述,而试图通过分析民间社团组织是如何面临外部环境并巧妙利用国家不断释放的社会空间而生存和发展起来的,其中的动态机制是什么,作为组织的社团都采取了什么样的行动策略,力图揭示出民间社团组织发展的中国图景。从这个意义上说,本书的目的在于理论建构,而不是经验描述,笔者通过深层次的资料收集,通过韦伯所讲的"投入式理解",抽象和提升到理论命题。依据罗伯特·K. 殷的选择研究方法的条件,个案研究应该是本书合适的研究方法。

然而,这个研究目的对于研究资料的收集有着特殊的要求。

首先,收集资料要相当深入。作为研究对象眼中的"陌生人",一两次的接触不可能取得研究对象的信任,因此,要想获得信度和效度较高的资料,就必须长时间参与到个案当中去,通过深入解剖、详细了解才可能在与研究对象的长期沟通中,取得其信任进而获得所需的真实资料。

其次,收集资料的时间跨度较大。要想深入了解民间社团组织

---

① [美]罗伯特·K. 殷:《案例研究:设计与方法》,周海涛主译,重庆大学出版社 2004 年版,第 4—11 页。

② 王宁:《代表性还是典型性?——个案的属性和个案研究方法的逻辑基础》,《社会学研究》2002 年第 5 期。

的生存和发展机制，就必须对它的历史有全面的把握，这一过程时间跨度往往比较大，只有采用个案研究的方法才能实现。

最后，收集资料的内容相当宽泛。民间社团成立及运作中的各种正式文本、活动资料以及相关人员的访谈资料、社团里的记录资料等，都是本书所需的资料。

（二）资料收集方法

本书所使用的资料收集方法主要有以下几种。

1. 参与观察法

由于对本书经验资料的效度和信度方面的要求，笔者将采用参与观察的方法收集第一手资料，即通过参与到社团组织基层团队的日常活动的开展、社团外出大型活动的开展等各个阶段的工作当中去收集第一手资料。

2. 非结构式访问法

是根据研究设计制定大致的访谈提纲进行访问，在轻松的"聊天"氛围中通过面对面的交流获取一手资料的方法。通过非结构式访问可以了解到受访者的价值观念、情感感受、行为规范；了解受访者过去的生活经历以及他们所知道的事件及对事件意义的解释。为研究对象提供一个比较开阔、整体性的视野，多维度地深入、细致地描述事件的过程；为研究提供指导，即事先了解哪些问题需要追问，哪些问题比较敏感，要特别小心；有利于研究者和受访者建立熟悉、信任的人际关系；可以使受访者感到自信，从而有可能影响到对自身文化的解释和建构。[①] 特定的访谈者能说明并且解释人们所做的事情，见多识广的受访者还可以为特定情境提供一些重要的见解。对协会的领导层进行访谈是必不可少的环节，他们是最能提供组织生存发展情况的人。对经历了协会发展各个阶段的人，以及了解协会发展关键阶段情况的人，进行了访谈，为了解协会发展的来龙去脉提供资料支撑。对基层活动的负责人进行访谈，能了解到协会在面临关键环境的时候所做出的反应，他们实际上是协会信

① 陈向明：《质的研究方法和社会科学研究》，教育科学出版社 2000 年版，第169—170 页。

息上传下达的关键人物。对 SAMQ 的业务主管单位的负责人进行访谈，可以了解协会所面临的制度环境以及社团组织的生存发展状况。同时，协会与其他组织有着较为频繁的信息往来，在那里可以了解到其他协会的情况，从组织外部也可以了解到一些情况。另外，通过对他们的访谈资料的整理、互相印证，也形成了一些资料。

　　3. 文献法

　　由于对外宣传的需要，SAMQ 对重大活动和实施的主要项目进行了较为系统的总结，有的还在报刊上公开发表。从 SAMQ 成立到 2009 年的调查，中间间隔了 20 年，这种情况下，报刊、内部记录、内部的论文集和内部的宣传资料等文献资料都为笔者把握协会发展过程提供了便利。宏观层面的影响：社会结构变动的国家的重要的制度、政策等，以及与社团相关的历次的《社会团体登记管理条例》，还有体育部门出台的关于体育社团的一些政策、条例等都是本书需要的资料。

第三节　研究框架

　　"理论是科学研究的结果，也是科学研究的起点，一方面所有科研努力的目标都是形成一套整体理论，也即一套相互关联的可被检验的一般性理论，它们可以解释和预测可被观察的实际现象。另一方面，科学研究必须有一个理论框架来指导，也即一个相互关联的概念系统，它从理论上指出了实际调查的成果范围。"[1] 这里的理论主要指用于指导经验探索的中层理论。

　　"系统的一般理论远离特定的社会行为、社会组织和社会变迁，已不能解释我们观察到的现象；而对于特定事件的详尽而系统的描述又缺乏整体的概括性，中层理论则介于两者之间。"[2] 宏大的巨型

---

　　① ［美］彼得·M. 布劳、W. 理查德·斯科特：《正规组织：一种比较方法》，东方出版社 2006 年版，第 30 页。

　　② ［美］罗伯特·金·默顿：《论理论社会学》，何凡兴等译，华夏出版社 1990 年版，第 54—55 页。

理论往往对具体的实际过程的揭示缺乏力度，而直观的、经验的分析要么过于地方化，要么倾向于简单的归纳，而中层理论则是一个既获得社会学理论的解释力、社会学知识的普适度，同时又能保持对比较直接的问题、地方性问题的解释力的理论。它有利于处理好经验研究与理论研究之间的紧张关系；有利于缓解现在社会科学研究中外来理论与本土化之间的关系；有利于缓解全域性理论与地方性知识之间的紧张；中层理论从经验研究开始，不断因为经验更新而产生理论发展的动力，这有利于缓解知识的有效性与它的可更新性、开放性之间的紧张；还可能会比较好地缓解作为社会科学研究者的良知与科学态度之间的紧张。①

本书所关心的问题偏重于对民间社团组织生存发展的实际过程中的动态行动策略的揭示，国家与社会关系这个宏大叙事难以实现这个目标，而微观层面上去探讨民间社团组织的生存发展问题又脱离了中国这个特殊的社会背景。另外，单纯的直接的经验分析往往会要么是简单归纳要么是过于地方化，难以实现本书的研究目标。因此，本书选择从中观层面的组织分析的视角出发进行研究，将民间社团组织看作行动主体，考察它是如何生存发展的，面对复杂环境采取了哪些行动策略。

一 研究问题的理论渊源

（一）组织研究的三种视角②

对于组织的研究，学界主要有三种视角：作为理性系统的组织、作为自然系统的组织、作为开放系统的组织。

1. 作为理性系统的组织

从理性系统的视角看，组织是一种为了完成特定目标而设计的工具。工具的好坏取决于结构理性概念包含的许多因素，"理性"是指其狭义上的技术或功能理性，或言之，理性是指为了最有效地达成预定目标而以某种方式组织起来的一系列行为逻辑。从理性系

---

① 毛丹：《社会学研究中的中层理论关心》，《浙江社会科学》2006年第5期。

② ［美］W. 理查德·斯格特：《组织理论：理性、自然和开放系统》，黄洋等译，华夏出版社2001年版，第31—86页。

统的视角看，组织行为是有意图的、协调的成员所实施的行为。毫无疑问，理性系统的理论家强调的主要特性，也是组织区别于其他集合体类型的特征，如目标具体化和形式化，因为这两个要素对组织行为的理性化具有重要的贡献。目标就是想要达到的目的。具体目标不仅为相应的行动提供了标准，而且对如何设计组织的结构起着指导作用。

理性系统理论的主要代表流派有：泰勒的科学管理、法约尔及其他人的行政管理理论、韦伯的科层制理论以及西蒙的管理行为理论。从理性系统的视角看，组织内部的结构设置是为了有效地达成目标而专门设计的，或者从韦伯的观点看，是为了使参与者有秩序地工作而设计的。正如古尔德纳所说："所以，关键在于合理合法的结构，即正式'蓝图'模式，只有这样，才能使得审查和合理操作更为容易。"所以，采用这一视角的理论家都关注组织的规范结构，即目标具体化和规章、角色的形式化。

汤普森给理性系统视角的观点做了一个简单的综合："结构是组织达到有限理性的基本载体。"从更广泛的意义上讲，理性存在于结构本身，而不是存在于个体参与者中。理性存在于规范中，规范确保了参与者的行为与达成既定目标的关联；理性存在于控制机制中，理性对行为进行评估并探测差异；理性存在于报偿体系中，报偿体系激发参与者去完成既定目标；理性还存在于一系列标准中，通过这些标准来选择、替换和提升参与者。由于理性系统强调的是结构特征而不是参与者的特征，所以，本尼斯把这一体系称为"没有人的组织"。

除了韦伯之外，早期的理性系统理论家都没有对更大的社会、文化和技术环境对于组织结构或行为的影响予以足够的重视，他们只关注组织的内部特征。

然而，由于过分关注组织的规范结构，理性系统的分析家们实际上忽略了组织的行为结构。从他们那里，我们了解很多关于计划、项目和前提以及规章和准则，但是却很少了解组织参与者的实际行为。自然系统视角的理论家们对理性系统视角的这些不足和局限给予了答复和补充。

2. 作为自然系统的组织

理性系统理论家将组织构想为特意设计来寻求特定目标的集合体，而自然系统的研究者则强调，组织是并且首先是集合体。理性系统视角强调组织区别于其他社会团体的特性，而自然系统的理论家则使我们注意到这些区别于其他社会团体的特征并非组织仅有的特征。事实上，理性系统强调的特征也并非最重要的特征。自然系统理论视角的一个主要观点是：组织远不只是达成既定目标的工具，从本质上看，组织是力图在特定环境中适应并生存下来的社会团体。所以形式化的组织，像所有其他社会团体一样，是由一个首要的目标控制的，即生存。在许多情况下，组织不断地修改着自己的目标，以进行更为良好的调整。如果组织处于存亡攸关的时候，就会为了保存自身而放弃对既定目标的追求。正是因为这样的趋向，不应把组织主要看作达成特定目标的手段，而应把组织本身看成目的。

如果组织设计的目标在自然系统的分析家眼中并非单纯的、单一的和具体的目标，那么用来完成这个目标的结构也是如此。自然系统的理论家并不否认在组织中存在高度形式化的结构，但是，他们确实对其重要性，尤其是对参与者行为的影响提出了质疑。正式结构是特意设计来规范行为以为特定目标服务的，不过，非正式结构的出现会给正式结构带来巨大的影响，不仅替代它，而且会侵蚀和改变它。自然系统的分析家强调，在组织结构中，还有比既定规章、职位界定和参与者行为规范更为重要的东西。个体参与者从来都不只是"被雇用的劳力"，他们投入的是他们的智慧和情感；他们加入组织时带着个人的观念、抱负和计划，他们带来了不同的价值观、兴趣和能力。从相互作用来看，所有这些因素创造了一个相对稳定的非正式结构。自然系统的一个最重要的观点就是，组织的社会结构并不只是正式结构加上个体参与者的独特信仰和行为，而是包含了正式的和非正式的结构，因为非正式生活本身就是有序地建构起来的。正式组织中的参与者促进了非正式的规范和行为模式。自然系统的分析家们认为，高度集中化和正式化的组织必然是无效率的和不理性的，因为它们浪费了组织最为珍贵的资源：参与者的才智和创造力。

理性系统模型注重于组织区别其他社会群体的特征，而自然系统模型强调的是组织与其他体系的共性。自然系统理论家并没有否认组织具有的与众不同的特性，但他们认为更重要的是那些更一般的、相似的系统和过程。所以，特定的组织目标通常被另一些目标特别是生存目标所破坏或扭转，而且理性系统的理论家重视的正式的组织结构被"真正"的非正式结构所摒弃。更一般地说，理性系统模型强调的是组织的规范结构，而自然系统模型注重于行为结构。并且，理性系统强调了结构对于参与者特性的重要性，而自然系统正好相反。那些最早形成自然系统观点的理论家多采用功能分析的模型，虽然他们在如何清楚而完全地将其发展起来的问题上存在巨大的差异。

在自然系统的理论家这里，各种有关环境的观点初露端倪。绝大多数人际关系分析家只将环境视为一个因素。像早期的理性系统理论家就将组织视为封闭体系，仅关注内部的组织设置及其对参与者的影响。斯科特认为，巴纳德比人际关系分析家更重视环境，他认识到组织必须通过为参与者提供诱惑而吸引他们，事实上，一些组织必须与其他组织竞争，力图获得人们的参与和忠诚。而且他还认识到，任何具体的个体都同时参与着多种合作团体的活动，所以参与者对任何组织的参与既不完全也不连续。毫无疑问，这种观点使得巴纳德着重于如何让参与者做出贡献和激发其责任感。然而，巴纳德并没有力图将环境清晰地概念化，或是考察组织在环境中变化的情况。相对而言，塞尔兹尼克与其学生们清楚地将环境放到了对组织的分析中。但是，他们的观点是有选择性的，因为他们将环境视为一个敌人、一种压力和问题的来源。在大多数关于环境的早期研究中，人们总是认为，组织为了生存而向残酷并充满敌意的环境妥协。在帕森斯的研究中，对环境的认识开始趋于平衡。他强调了组织与环境关系的重要性，将组织看作是更大社会机构的亚体系，而环境则被认为是稳定的要素，是使组织的具体工作合法化而不是与组织对立的因素。在这些方法中，帕森斯预见到了开放系统的理论家们的观点。

3．作为开放系统的组织

开放系统视角的起源可以追溯到更早以前，但其出现还是在二战之后的思想骚动中。组织结构的开放系统视角强调了个体因素的复杂性和多变性及其相互之间联系的松散性。个体要素被看成是半自主行为的主体，个体要素与其他要素之间的联系是松散的。开放系统并不只是使组织结构特征的一致性变得松散，还将其注意力从结构转向了过程。无论是在抽象层次上，还是在具体层次上，强调的都是组织行动而不是组织。组织与环境的相互依赖关系在开放系统视角中受到了应有的重视。开放系统视角强调组织与周围及渗透到组织的要素之间的联系的交互纽带，而不是像早期的理性和自然系统那样忽视环境因素，也不像早期的理论那样将环境视为异己或敌对者。随着开放系统视角在 60 年代的出现，所有后继理论都不得不将组织对于环境的开放性考虑在内。

（二）组织与环境

1．权变理论的组织与环境观

从上文对组织研究发展历程的梳理来看，最先的组织研究将组织视为一个封闭的系统，无视环境的存在，组织只是一个技术的组合体，是为了完成某种任务而建立的一个技术体系。后来学者们共同关心的问题是：如果组织不是理性设计，那么组织结构与它的环境条件、技术、目标之间是什么关系？

20 世纪六七十年代学者劳伦斯和骆奇（Lawrence and Lorsch）创造了权变理论（Contingency Theory），主要观点是：组织的最佳结构取决于一个组织的具体环境条件、技术、目标和规模，等等。每个组织因为环境不同、技术不同、规模不同而异。不存在最佳的组织方式，任何组织方式之间都不等效，最好的组织方式有赖于组织环境的特质，权变理论有一个一般的倾向性假设，即一旦组织的内在特征与其环境要求达到最佳匹配，那么组织就能最好地适应环境。考虑到组织所处市场的竞争性，适应性需要组织的有效运作。

他们还认为，不同的环境对组织有不同的要求，特别是在市场条件下或技术中以不确定性及快速变化（复杂性）为特征的环境，相比那些稳定环境而言，更会对系统提出不同的要求，包括限制和机会。他们认为组织与其环境的适应至少发生在两个层面上：组织每个子单位的结构特性都应当与其自身相关的特定环境相适应；组织的分化和整合模式应当与其所处的整体环境相适应。

加尔布雷斯（Galbraith）指出，环境的不确定性通过影响组织的运作而进入组织，这样就将环境挑战与组织信息系统联系起来了。而且，任务的不确定性越大，为了达到预定目标，在任务执行的过程中，决策者处理的信息量也就越大。不同结构设置，包括规章、等级制和分散化，都被视为决定系统信息处理能力的机制。随着理论的发展，权变理论变得越来越详尽，劳伦斯在一篇综述中写到，随着理论的发展，规模、技术、地理位置、参与者的个人偏好、资源依赖、国家和文化差异、范围以及组织的生命周期等作为权变的要素进入理论家的视野。此外，作为较早探索组织与环境关系的理论，其"没有最佳，一切视环境而变"的核心思想也渗透到组织理论的不同领域中。

在组织与环境这两者中，权变理论认为环境是占据主导地位的，组织则居于次要、被动的地位，组织的行为是被决定的、受制约的和适应性的，组织必须适应环境的需要，组织的成功与否取决于适应的效果如何。[1]

2. 种群生态学派的组织与环境观

种群生态学派（Population Ecology Approach）致力于探讨组织种群（Population）的创造、成长及消亡的过程及其与环境转变的关系，该理论重点解释"为什么会存在多种类型的组织"，同时探讨相同行业内的不同组织形式如何在长期的竞争环境压力下做出反应。在种群生态学派看来，适者生存是最高法则，环境是组织的最终检验者，一切遵循着变异—选择—保留模式优胜劣汰。[2] 组织一方面具有很强的结构惯性，另一方面存在偏好高绩效信度和高责任水平组织的种群选择机制。高绩效信度和高责任水平的组织要求组织结构有较强的可重复性，而组织惯性压力则是导致组织结构高度

---

① 费显政：《组织与环境的关系——不同学派述评和比较》，《国外社会科学》2006 年第 3 期。

② 同上。

可重复性的重要原因，因此可以把组织惯性视为环境选择机制发生作用的结果。

3. 资源依赖学派组织与环境观

资源依赖学派关于组织与环境的关系主要观点是：首先，组织是一个开放的系统，任何组织不可能持有赖以生存和发展所需要的全部资源，实现自我供给下的生存和发展，大量攸关组织生存的稀缺和珍贵的资源都包含于组织的外部环境中，所以组织在某种程度上都依赖外部环境。其次，由于组织必须与那些控制资源的外部行动者进行互动交往，即组织依赖于环境，那些控制者就获得了相对于本组织的权力，组织的生存能力在很大程度上取决于组织与外部环境（控制者）交往和谈判的能力。最后，面对环境的约束，组织也在主动地对环境进行管理和控制，组织采取了各种各样的战略行动以减少其对外部环境的依赖和来自外部环境的制约。资源依赖理论对组织的分析主要分为两个过程：第一个过程首先确定组织的需要及需要的来源。第二个过程是寻求这种关键资源的获得途径。

资源依赖理论强调为了确保生存所需的资源，组织之间必须相互依赖，因此组织必然会受到其环境的制约。相反，种群生态理论则关注特定环境条件下各种组织形式的生存状况。这两种组织环境研究视角，具有不同的分析单位，一个是焦点组织，一个是组织人口；对人类能动者决定结果的能力具有不同的假定，一个认为策略行动有用，一个认为策略行动无用，但是它们的共同之处在于共同关注技术环境。技术环境包括生产和控制的技术、组织间交换模式、调节过程以及其他产生不同效率或效力之组织形式的因素。[①] 而制度主义理论则把人们的注意力转向组织的制度环境，即组织赖以存在的社会建构的规范世界，更多地关注组织的合法性问题。

4. 制度理论的组织与环境观[②]

新制度主义理论改变了人们把组织环境等同于技术环境的观

---

① ［美］鲍威尔、迪马吉奥主编：《组织分析中的新制度主义》，姚伟译，上海人民出版社 2008 年版，第 384 页。

② 费显政：《新制度学派组织与环境关系观述评》，《外国经济与管理》2006 年第 8 期。

点，让人们注意到了长期依赖的环境被忽略的一面：制度化的信仰体系、规则和角色，提出组织面对着技术环境和制度环境两种不同的环境。① 所谓技术环境，是指组织生产用于市场中交换的产品和服务的环境。所有影响组织完成技术目标的外在客体构成了组织的技术环境，这一概念强调组织的理性成分，关注环境的技术特征，要求组织必须追求效率。而制度环境指的是组织为了获得合法性和支持而必须遵守的规则和必要条件。在制度环境中，组织由于运用了正确的结构和程序，而不是由于它们产出的数量和质量而受到奖励。制度环境提醒我们，组织作为一个自然系统、人文系统，一些象征性的文化因素也会对组织的运营过程产生影响。这里的制度是指"为社会行为提供稳定性和有意义的认知、规范和管理结构与行为"②。这一概念也道出了制度环境的三个层面，即强制性层面、基于认知模仿的层面和基于标准、规范的层面。

新制度主义理论关于组织与环境的主要观点如下。

制度环境对组织的影响与作用——合法性机制、组织同构与模仿。在早期的新制度学派学者看来，组织结构并不是一个根据组织目标主动设计的理性过程，而是组织在制度环境压力下，随着时间的推移而变得越来越相似的结果。在组织与环境的关系中，组织相对处于从属地位，不得不屈服于外部制度环境。梅耶和罗文的理论里，制度化的产品、服务、政策和方案像强有力的神话在发挥作用，组织不得不仪式性地采用它们，组织对于强有力的制度环境的遵从提高了其生存和成功的可能性，这是在强意义上认为组织行为和组织形式都是由制度塑造的，组织和个人本身没有什么自主选择权；而迪马吉奥和鲍威尔试图证明制度通过影响资源配置或激励方式来影响人的行为，这种影响不是决定性的，而是概率意义上的，并主要通过资源配置或激励方式来间接产生作用，他们是从弱意义上来讨论合法性的。随着研究的深入，新制度学派认识到，同一制

---

① 转引自田凯《非协调约束与组织运作——中国慈善组织与政府关系的个案研究》，商务印书馆 2004 年版，第 49 页。

② 费显政：《新制度学派组织与环境关系观述评》，《外国经济与管理》2006 年第 8 期。

度环境对于不同组织的作用并非相同。组织所选择的制度环境因组织地位而异。[1] 组织会根据自己在不同制度环境中的定位来选择合乎情理的行为方式和模仿同类组织的做法。这些研究为组织在制度环境中发挥主动性提供了可能，也为组织适应与控制制度环境提供了空间。

组织对制度环境的适应与控制，出于生存的需要，组织不仅要为争夺资源和顾客而展开竞争，还必须为争取政治权力和制度合法性而展开角逐。组织一方面会适应制度环境的要求，另一方面也试图改变和控制制度环境，针对不同的制度环境，组织会采取不同的战略模式。一般而言，有以下规律可循[2]：从制度环境因素来看，制度环境的合法性要求越高，或对提高组织技术效率越有帮助，组织就越容易采取被动战略。从制度环境相关者（对组织施加制度合法性压力的行为主体）的角度看，相关者的需求如果具有多样性，从而导致制度环境产生内部分歧，那么就有可能导致组织采取相对主动的战略。此外，组织对相关者的依赖程度越大，就越容易采取被动战略。从制度环境要求的内容来看，其与组织目标的一致性程度越高，组织越倾向于采取被动战略。从制度环境的控制和保障机制来看，如果制度环境的要求能获得强制手段或规范性制度的支持，那么组织就更可能采取被动战略。从制度环境的作用情境看，组织所处的环境不确定性越大，环境内的互动关联程度越高，组织就越倾向于采取被动战略。

技术环境与制度环境之间的冲突与互动。首先，制度环境与技术效率并非毫无关系。事实上，很多制度环境要素在最初出现时，都有着很强的技术效率考量，只是在随后的演变和普及过程中强化为形式和规范，以及渐渐地与效率脱钩的制度环境要素。此外，制度环境的合法性机制不仅约束组织行为，也可以帮助组织提高社会地位并得到社会承认，从而促进组织间的资源流通，在一定程度上

---

① Han, Shin Kap, "Mimetic isomorphism and its effect on the audit service market", *Social Forces*, Vol. 73, 1994, pp. 637-663.

② 费显政：《新制度学派组织与环境关系观述评》，《外国经济与管理》2006年第8期。

有利于技术效率的提高。其次，技术环境要素也往往是建立在制度环境基础之上的。组织都存在于一定的制度环境之中，制度框架确定了组织目标的集合及其"合法"的追求手段。此外，法则本身也是重要的资源，是组织竞相争取、力图影响的一个对象。①

　　组织和制度环境之间的互动——制度环境的变迁机制，在与组织的互动过程中，制度环境本身也经历着演化和变迁。康拉德和海宁斯（Kondra and Hinings）的研究以组织的经营绩效作为中间变量，构建了制度环境变迁的分析框架。以组织对制度环境的适应性为横轴，以组织的经营绩效是否达到环境平均水平为纵轴，可以区分四种不同的组织群体，如图 2—2②。

	低	高
绩效高于环境平均水平	成功叛逆者	—
绩效等于环境平均水平	同等绩效者	环境顺应者
绩效低于环境平均水平	失败者	—

对制度环境的适应性

图 2—2　四种不同的组织群体

① Scott W. Richard, "The adolescence of institutional theory", *Administrative Science Quarterly*, Vol. 32, 1987, pp. 493-511.

② Kondra, Alex and Hinings C. R., "Organizational diversity and change in institutional theory", *Organization Studies*, Vol. 19, 1998, pp. 743-767.

二　本书的理论视角

尽管在开放系统理论的观照下，学者们普遍承认环境对组织的深刻影响，但对于环境如何界定、环境由哪些要素构成，以及环境怎样影响组织等问题，学界的前辈们对此的认识有一个逐步深化的过程。

早期的组织理论认为：环境是指组织界限以外的一切事物；环境由原材料、资金、人才、能源等物质性要素构成；在组织与环境的关系上，也更多地将环境视为一个敌人、一种压力和问题的来源，并把环境对组织形式和运作的作用视为单向的过程，认为组织的生存是组织向残酷并充满敌意的环境进行妥协的结果。如塞尔兹尼克在其著名的"田纳西谷地"的权威研究中，就分析了当组织适应环境的努力与目标达成相冲突时，外部环境条件如何施加压力迫使组织的原始目标被破坏与置换的过程。①

现代组织理论则认为，任何一个组织不可能对所有的环境要素都产生影响，组织也有其边界。因此，一般来说，组织环境仅指存在于组织的边界之外，对组织的目标达成、生存与发展可能产生影响的因素总和；② 环境不仅包括组织生存与发展所必需的原材料、资金等技术性要素，还包括法律规范、文化期待、社会共识等符号性要素，后者构成组织获取合法性与社会支持的制度环境，并且这些社会建构的观念体系和规范制度不仅决定组织目标及实现手段的选择，也制约着组织的构架与运作；针对外界环境的复杂性与不确定性，组织也具有其能动性，它会有意识地采取各种缓冲技术和桥梁战略，保护或调整其与环境的边界，将一些环境因素吸纳到自身的结构中去，以提高技术上的安全性，谋求其合法的制度支持。③

---

① Selznick, Philip, *TVA and the Grass Roots*, Newyork：Harper&Row, 1949, pp. 253–259.

② ［美］理查德·L. 达夫特：《组织理论与设计》，王凤彬等译，清华大学出版社2003年版，第5页。

③ ［美］W. 理查德·斯科特：《组织理论：理性、自然和开放系统》，黄洋等译，华夏出版社2001年版，第122—128页、第195—197页。周雪光：《组织社会学十讲》，社会科学文献出版社2003年版，第74—75页。

在权变理论看来，环境是占据主导地位的，组织是居于次要、被动地位的，组织的行为是被决定的、受制约的和适应性的，组织必须适应环境的需要，组织成功与否取决于适应情况如何。然而，被动的适应环境并不能解释民间社团组织是如何主动地采取策略实现自身的生存和发展，因为总体上说改革开放以来中国的宏观制度环境是一种利于社团组织成长的环境，也是中国社团组织能够在短时间内得以迅速兴起的基本原因。但其微观制度环境则是以约束为主，假如对这种特殊的制度环境被动适应社团的发展只能是萎缩状态，并不能解释笔者所关注的社团不断强大的现象。

从种群生态学的角度研究组织问题，强调的是组织的群体性研究，而非组织个体本身。这种群体层面的研究与本书的个案研究方法发生冲突，也就是说本书与种群生态学派并不是站在同一个层面上讨论问题的。同时，种群生态学派解释的是为什么会存在那么多类型的组织，而本书的重点在于为什么民间社团组织能够生存和发展，着眼点不同，因此，该理论对本书关注的问题的解释力同样欠缺。

资源依赖理论的重要意义在于使人们认识到组织可采用多种战略改变自己以适应环境，其缺点在于：资源固然是组织发展重要的因素，但仅仅从资源的单一角度分析复杂的组织行为缺乏充分的解释力，另外资源依赖理论体现出了组织面对环境的主动性，但在它这里的环境主要强调的是组织面对的技术环境，仅仅关心民间社团组织面对的技术环境，就忽视了中国民间社团组织所处的更为特殊的制度环境。

新制度主义则既关心组织的制度环境，也关心组织的技术环境，同时关心组织面对外部环境的时候所采取的行动策略，而不是被动地适应环境。这样的思路为本书所关心的问题，即面对制度和技术双重环境，民间社团组织是如何对环境进行关注、理解和自我解释，并采取行动策略的这样的问题提供了很好的理论指导。

因此本书以新制度主义理论为指导，探讨我国民间社团组织作为组织环境中的一个主体，面临制度环境的变化，处于复杂的技术环境中，如何感知外部环境并主动地采取行动策略实现自身的生存和发展的。通过动态过程，力图揭示出民间社团发展的中国路径。

三　篇章结构

第一章导论。提出了本书的核心问题，并就与该问题相关的研究做一文献梳理与评述。

第二章研究设计。首先描述了个案的基本情况及其典型性，交代了本书的研究类型以及选择这样研究类型的原因，对本书所涉及的核心概念进行界定，并提出研究的理论视角，最后简单介绍章节结构安排。

第三章民间社团组织 SAMQ 面临的环境。以新制度主义理论为指导，将民间社团组织看作一个开放的系统，把它所面临的外部环境划分为制度环境和技术环境，然后分别揭示了它所面临的制度环境和技术环境。面对错综复杂的外部环境，民间社团组织 SAMQ 对外部环境的关注、理解和自我解释的过程如何。

第四章制度环境下民间社团组织 SAMQ 的行动策略。首先探讨民间社团组织 SAMQ 对制度环境的关注、理解和自我解释过程。然后分析民间社团组织 SAMQ 面临制度环境采取了哪些行动策略。

第五章技术环境下民间社团组织 SAMQ 的行动策略。首先描述民间社团组织 SAMQ 技术环境的三次变化，然后探讨民间社团组织 SAMQ 对技术环境变化的关注、理解和自我解释的过程，最后分析其面对技术环境采取了哪些行动策略以维持组织的生存发展。

第六章结论和讨论。首先对本书的相关结论做一概括，同时指出本书的可能贡献和不足之处，以及进一步研究的可能性空间。

第三章

民间社团组织 SAMQ
面临的环境

第一节　民间社团组织 SAMQ 面临的制度环境

一　民间社团组织 SAMQ 发展的体制背景

50 年代初，全国性社团只有 44 个，1965 年不到 100 个，地方性社团也只有 6000 个左右。这些社团的类别也比较单调，主要是工会、共青团、妇联、科协和工商联等群众组织，"文革"期间，民间性社团基本消失了，"文革"之后，70 年代末改革开放后有了实质性的变化。[①] 1989 年，全国性社团骤增至 1600 个，比"文革"之前多了 15 倍，地方性的，包括省一级、县一级、区一级的，达 20 万个，比"文革"前多了 32 倍。[②] 1989 年北京政治风波之后，中国政府对各种民间组织进行了重新登记和整理，民间组织的数量在短时间内有所减少，1992 年全国性社团为 1200 个，地方性社团约 18 万个。各类登记在册的民间组织起落较大，难以理出准确的数据，这里，笔者根据国家民政局网站的 2000 年至 2009 年的《民政事业发展统计公报》，理出 1988 年至 2015 年 27 年间民间组织发展的大致状况，如表 3—1。

[①]　俞可平等：《中国公民社会的制度环境》，北京大学出版社 2006 年版，第 11 页。
[②]　范丽珠主编：《全球化的社会变迁与非政府组织》，上海人民出版社 2003 年版，第 6 页。

表 3—1 　　　　　　　1988—2009 年民政部门登记的
　　　　　　　　　民间组织的发展状况 　　　单位：万个

年份	社会团体
1988	0.4
1989	0.5
1990	1.1
1991	8.3
1992	15.5
1993	16.8
1994	17.5
1995	18.1
1996	18.5
1997	18.1
1998	16.6
1999	13.7
2000	13.1
2001	12.9
2002	13.3
2003	13.7
2004	15.0
2005	16.8
2006	18.6
2007	20.7
2008	22.0
2009	23.5
2010	24.5
2011	25.5
2012	27.1
2013	28.9

年份	社会团体
2014	31
2015	32.9

资料来源：根据网站 http：//cws. mca. gov. cn/article/tjkb/ 中的 2001—2015 年民政事业发展统计公报，以及 http：//www. chinanpo. gov. cn/web/showBulltetin. do？id＝20151&dictionid＝2201 上的民间组织历年统计数据资料整理而成。

从表 3—1 的数据来看，1988 年以来，我国登记注册的社会团体的数量除个别年份稍微有波动外，总体上呈上升趋势，表明我国社团组织的蓬勃发展，快速增长的强劲势头。

近些年来，全国各地深入探索民间社团组织登记管理体制改革，降低登记门槛，放宽注册条件，为民间组织发展创造更好的政策环境。加上未注册的，估计全国民间社团组织数量会更多。

民间社团组织繁荣背后的原因很难用西方话语进行解释。"天赋人权"在中国社会似乎并不具有必然的合法性，人们往往更加认同政府权力。在这样的情况下，当我们用"西方话语"对中国社会现实进行剖析的时候，就要十分慎重，民间组织大量出现这个现象的背后的原因需要从中国特殊的社会结构和社会背景中考察和发掘。

（一）国家的让渡

1949 年以前，传统的中国是讲究"家国"的，"修身、齐家、治国、平天下"，新中国诞生以来，我们的政治体制是政党国家体制[1]。任何一个党国体制都是由"革命政党"创始的，政党本身是建国者，革命政党一定认为它是代表全民的，它在负起建国责任的同时，也有改造社会的责任感。国家与社会的关系在"政党国家体制"下是比较特殊的。

1978 年以后，随着经济体制改革，国家政治体制发生了一些改

---

[1]   范丽珠主编：《全球化的社会变迁与非政府组织》，上海人民出版社 2003 年版，第 6 页。

变，1978 年后社会转变的真正动力在于什么？它是政党国家的
"自我转化"① （self-transformation），相对于 1949 年来说，国家与
社会的关系出现了一种新的局面，传统中国基本上不是一个真正有
主体性的社会，中国以前的"社会"严格地说是在王权体制中权力
剩余的部分，王权不直接去管的那部分。传统中国的"国家"有养
民、教民的政治责任。1949 年后，政府存在的合法性基础表现在
"为人民服务"一句话上，在这样一个"全能国家"的观点下，民
间组织没有什么生存的空间可言。所以，1978 年以前，"社会"被
国家完完全全地控制住了，但是人们的笑容少了许多，积极性也被
消磨掉了，生产力也不发展了，社会也落伍了。在这样的情况下，
如何去提高生产力，如何去提高人们生产的积极性，如何去发展社
会，不得不成为国家要思考的东西，这也正是国家实施改革开放政
策的背景。改革是国家本身的一种自我转化，一些新的观念，比如
政企分开、政社分开、"小政府，大社会"等，追根溯源，这些改
革政策的动力都来自国家本身。在金耀基看来，几乎任何一个后
起的现代化国家，它的基本动力一定是来源于国家，来源于政治
建制本身。反之，早期的现代化国家，动力来源基本上是社会，
世界第二次世界大战后的工业化国家，国家都扮演了最重要的角
色，中国最需要突破国家的自我角色。正是在这样的背景下，
1978 年以后，一个很明显的变化是国家（政府）的角色逐渐从社
会中退让，由此社会逐渐发育起来，社会的主体民间社团组织蓬
勃发展。实际上，大量民间社团的涌现以及与之相联系的公共领
域的扩张很大程度上是国家放松管制、逐步推动的结果。②

（二）体制的变革——"总体性社会"到"后总体性社会"

在西方制度文化对中国文化的冲击下，中国的社会结构发生了
很大的变化，然而，中国社会的发展形态某种程度上依然受着传统
伦理秩序的逻辑的影响。社会结构的建构过程中仍然渗透着国家控

---

①　范丽珠主编：《全球化的社会变迁与非政府组织》，上海人民出版社 2003 年版，
第 6 页。

②　马敏：《历史中被忽略的一页——20 世纪初苏州的市民社会》，《东方》1996 年
第 4 期。

制社会的观念和官本位的集体主义取向，新中国的成立也没能摆脱这样的影响。中国在社会主义的政治革命时期（20 世纪 50 年代—70 年代末）建立了高度整合的社会。美国政治学家邹谠（Tsou Tang）的"总体性社会"① 概念描述了中国社会自清末以来出现以整合危机为主要表现的"总体性危机"，新中国成立后，作为对总体性危机反应的"总体性社会"（Total Society）形成。1949 年以后中国建立起来的以公有制和计划经济为特征的高度集权的政治体制，仍然是以国家对社会资源的全面控制和垄断为特征的"总体性社会"，国家的控制力度甚至不断加强，形成"全能主义"（Totalism）国家。总体性社会的三个基本构成要素是：第一，国家对大部分社会资源，包括生产资料、生活资料、机会资源等直接垄断；第二，社会政治结构的横向分化程度很低，政治中心、经济中心、意识形态中心高度重叠；第三，消灭了统治阶级，过去的"国家—民间精英—民众"的三层结构变为"国家—民众"的二层结构，整个社会没有中介组织，国家直接面对的是民众。②

在总体性社会中，社会结构的细胞是单位。一般而论，个人都属于特定的单位，并且专属于特定的单位——在城市是党政机关和企事业机构，在农村是公社和大队。个人既没有实际的政治权利，也没有独立的经济信用，就连消费也只能按照票证所规定的品种和数量去购买或分配。个人是革命机器上的齿轮和螺丝钉，是社会主义大厦的一块块砖。功能齐全的单位就是一个社会，成员的生老病死、吃喝拉撒都能包办。个人属于单位，单位靠拥有个人的人事权而拥有对个人的全面控制权。个人越出单位的活动大都需要单位的同意和授权。一个人在单位外边，如果没有本单位的介绍信，做不了任何正经事情。抽象地讲，单位外边就是另外的单位，在全部单位的外面，几乎没有什么政府监督、控制不了的死角。那种因为具

---

① Tsou Tang, "Revolution, reintegration, and Crisis in Communist China: a Framework for Analysis", in Ho Ping-ti & Tsou Tang（ed.）, *China in Crisis*, Chicago: University of Chicago Press, 1967, pp. 227-364.

② 孙立平：《改革前后中国大陆国家、民间统治精英及民众间互动关系的演变》，（香港）《中国社会科学季刊》1994 年第 1 期。

有多样性、不确定性和灵活性的属性而可以称为"社会"的空间是微乎其微的。① 在这种国家无所不在、无往不胜的情况下，社会成为一个抽象的符号，新中国国家与社会两者的关系呈现为极端的"强国家—弱社会"模式。在这种模式中，国家力量在政治、经济和社会生活中无限膨胀，国家在很大程度上吞并了社会，实际上已经没有一个相对自主的社会的存在。在这种国家制度框架中，政治、经济和社会三个系统高度重叠，以便国家对大部分社会资源进行直接的垄断。这里的资源不仅指生产资料，也包括如城市中的住房等生活资料、日常生活用品的供应，以及就业等机会资源。换句话说，国家不仅成为生产资料的垄断者，而且也是生活资料的发放者，权力和威望的配置者。②

　　20 世纪 70 年代末 80 年代初的改革开放，使得中国发生了重大变化，其中最为引人注目的是，在中国社会内部，政治领域的力量在减弱，经济领域和社会领域的力量在逐渐成长，"强国家—弱社会"模式发生了巨大的变化。国家主动地放松包括意识形态在内的控制，调整自己的权力运行角色，培育、发展市场经济和社会的力量，通过包括健全法治、推行村民自治等在内的各项制度化建设来确立自己与社会相对平衡的互动关系，国家与社会的关系得以重新塑造。③ 体制改革，开始于经济领域，农村家庭联产承包责任制敲开了我国经济体制改革的大门，改革开放以前的中国农村，所实行的是集体生产制度，农民没有生产劳动的自由，意识形态方面的精神鼓励几乎成了对生产者的所有激励，物质上的激励显得有些微不足道，这样农民的生产积极性严重受挫。后来家庭联产承包责任制的实行，农民生产积极性的提高和农业生产多元化的实现，带来了农业生产的空前发展，农村的经济体制改革成效显著。在国家政策的允许、支持和扶植之下，乡镇企业逐渐形成并取得广泛发

---

　　① 高丙中，袁瑞军主编：《中国公民社会发展蓝皮书》，北京大学出版社 2008 年版，第 31—44 页。

　　② 胡俊：《构筑国家与社会的良性关系》（http://www.aisixiang.com/data/22985.html）。

　　③ 同上。

展，成为中国经济领域中不可或缺的组成部分，在经济建设中起着举足轻重的作用。农村经济体制改革的空前成功，推动了城市的经济体制改革。随着改革的深入进行，城市也开始了前所未有的经济体制改革，首先表现为国家对生产资料和资金垄断的放松，私营和个体企业则如雨后春笋般在各个城市中出现并蓬勃发展。中国的开放政策使得外资大量涌入国内的市场，强化了资源拥有形式的多元化。个体、私营、三资等各种非公有制工商企业纷纷涌现。这样形成了多种经济成分并存的局面，市场经济成为国民经济的主体，社会主义所有制经济逐渐缩小，国家对经济活动的直接参与减少。

同时，国家逐渐部分地从对社会资源的垄断和对社会日常生活的安排与分配中撤离，"自由流动资源"和"自由活动空间"逐渐出现，进而引发了中国深层次的社会结构变迁。相对于改革前国家对经济和社会资源实行全面垄断的"总体性"社会结构特征而言，多年的改革所表现出来的基本趋势，就是建立了既有上下纵向结构，又有全社会普遍联系的横向结构的立体式社会结构网络，这一社会结构可以被称为"后总体性"社会结构。在这种社会结构中，我们看到的是个人与组织之间的更自由、更有弹性、更灵活、更开放的结合与分离，个人原来与单位的归属关系也转变为可以选择的关系。

与此同时，国家社会整合的途径也发生变化。改革开放前是通过单位制和人民公社制来实行的一种垂直的社会管理，个人的任何独立于单位和公社的经济、政治和社会活动都受到压抑。人们视单位和公社为国家的化身，这些组织内部有清楚的权力等级而非一个平等参与的社区。30多年的改革开放的过程，使得中国政府开始逐渐放弃以穿透社会每个角落为特征的全能主义式的社会控制。[1]

中国社会的细胞从单位转变为相对独立、被形式上平等对待的个人，而社会运行的价值、原则（当然在现阶段还不全部是现实）

---

[1]　邵华：《合法性问题与社团组织的发展》，《甘肃社会科学》2007年第3期。

是普遍主义、平等协商、自愿选择，在个人与社会之间发挥结合作用的是越来越多的民间组织。[1]

所有这些变化，都为新的社会组织生长创造了有利条件，各种各样的社会组织开始有了一定的生存空间。民间组织自发地组织起来填补政府提供社会服务不足留下的真空，不同的利益群体追求自己有组织的表达渠道：性别、年龄、兴趣爱好、行业、职业、地域等所有这些形形色色的差异都可能通过结社，正式或非正式地表达自己的利益。利益和社会分化成为民间组织发展的社会基础。[2]

（三）政府转型带来的民间组织管理体制变化

从 20 世纪 90 年代以来，我们政府主要经历了四次改革，实现了两次大的转型：从计划经济型到经济建设型，从经济建设型到公共服务型。

事实上，第一次转型，80 年代就开始了，但是与民间组织管理体制相关的是 20 世纪 90 年代的政府转型，这一次转型主要是通过两次大的政府机构改革实现的。

第一次政府机构改革，是在 1992 年末中共十四大提出建立社会主义市场经济体制的背景下开展的。这次改革的指导思想是，适应建立社会主义市场经济体制的要求，按照政企职责分开和精简、统一、效能的原则，转变职能、理顺关系、精兵简政、提高效率。这次改革最重要的贡献在于明确提出了建立适应社会主义市场经济发展的政府，为了适应市场经济体制发展要求，行政体制的法制化进程加快。第二次政府机构改革，目标是逐步建立适应社会主义市场经济体制的有中国特色的行政管理体制，要把政府职能切实转变到宏观调控、社会管理和公共服务方面上来。这次改革是"实行社会主义市场经济体制、实行经济增长方式转变、实行经济发展战略调整的新的历史条件下，集中进行的一次具有相当

---

[1]　高丙中、袁瑞军主编：《中国公民社会发展蓝皮书》，北京大学出版社 2008 年版，第 31—44 页。

[2]　尚晓援：《冲击与变革：对外开放中的中国公民社会组织》，中国社会科学出版社 2007 年版，第 45 页。

广度和深度的改革"①，也是"改革开放以来改革力度最大的一次机构改革"②。这次改革的完成，成为中国政府从计划经济体制到市场经济体制转型第一阶段完成的标志，也标志着"适应发展社会主义市场经济要求的行政管理体制正在形成"③。20 世纪 90 年代的这两次改革，由于涉及的权力和利益调整阻力巨大，整个改革无论从设计方案还是实施效果，均带有明显的过渡性，使得政府的第一次转型还只是停留在相当初级的水平。④

　　这个时期政府的工作"始终要以经济建设为中心，党和国家的各项工作都必须服从和服务于经济建设这个中心，而不能离开这个中心，更不能干扰这个中心……经济发展了，综合国力提高了，人民生活改善了，国家更加强大了，社会主义制度的巨大优越性就会更加充分地显示出来。我们抵御和平演变的斗争就会有更加坚实深厚的物质技术文化基础，我们的社会主义制度就会更加立于不败之地"⑤。"经济是基础，解决中国的所有问题，归根结底要靠经济的发展……无论形势发生怎样的变化，除了发生大规模外敌入侵，这一条是绝对不能动摇的。"⑥ 另外，"文革"动乱深深的印迹、20 世纪 80 年代中期以来一些社会事件，让政府感受到为经济建设创造安定环境的紧迫性和必要性。"稳定压倒一切"，一切不利于稳定、危害安定局面的组织与个人都必然应该受到严厉限制。还有，这一时期，意识形态的分歧与斗争仍然很激烈，在是否继续改革以及如何改革等问题上争论激烈，社会组织中不同声音的出现势必会加剧这一趋势的发展。最后，这一时期远不成熟的市场经济体制以及脆

----

① 汪玉凯、吴昊、王晓芳：《我国行政管理体制改革 30 年历史回顾》（http://www. cssm. org. cn/view. php? id = 30309）。

② 王忠禹：《关于国务院机构改革方案的说明》，2003 年 3 月 6 日在第十届全国人民代表大会第一次会议上的讲话。

③ 同上。

④ 高丙中、袁瑞军主编：《中国公民社会发展蓝皮书》，北京大学出版社 2008 年版，第 31—44 页。

⑤ 江泽民：《在庆祝中国共产党成立七十周年大会上的讲话》（http://news. rednet. cn/c/2008/05/30/1520048. htm）。

⑥ 江泽民：《论党的建设》，中央文献出版社 2001 年版，第 210—211 页。

弱的经济发展成果、经常性的经济过热导致的经济危机的隐忧、1997 年亚洲金融危机带来的外部威胁等，也影响着政府放松管理的信心与空间。①

从以上环境来看，这个时期的政府改革主要是为了追求经济顺利和快速发展，确保经济建设进程不被干扰和打断，所以民间组织的管理体制也必然是从严从紧，整个 20 世纪 90 年代，国家对民间组织进行着频繁的清理整顿。接二连三地清理整顿几乎占了近一半的时间，使得民间组织发展的总体形势趋紧趋严，尽管也有一些培育与鼓励的法规和政策出台。

进入 21 世纪，国内外的一些因素促使政府进一步认识到政府转型的必要性和紧迫性。加入世贸组织之后，政府必须兑现入世承诺，实施政府市场化、透明、法制、效率转变。SARS 危机暴露了公共卫生体制的脆弱、"春运"显现了公共交通的不堪重负、打工子弟学校凸显了教育的不公平、矿难警示了公共安全的危机，这样的危机强烈呼吁着中国基本公共服务体系的建立和健全。经济建设型政府，比照传统计划经济体制下的政府职能，这是一个进步，但是从改革的要求说，这又只能是一个过渡，经济建设型政府有两个严重的误区：一是长期作为经济发展的主体力量，起主导作用；二是不恰当地把本应由政府或政府为主提供的某些公共产品，如农村公共卫生和医疗，推向市场，推向社会。SARS 危机中社会各方面表现了很大的热情，并发挥了积极的作用。但是客观地评价是，SARS 危机中各类社会组织的作用很有限，尚未发挥出应有的作用。究其原因主要是两条：一是我国社会组织还处在改革的起步阶段，社会结构的严重失衡一时还难以根本改变；二是社会组织参与国家和社会生活的机制不健全，渠道不多，缺乏相应的法律保障。我国的改革开放走到今天，社会组织同政府、企业共同构成了现代社会结构的三大支柱。积极发展各种社会组织，既是社会发展的客观需要，又是政府有效履行公共服务职能的重要条件。从 SARS 危机中

---

① 高丙中、袁瑞军主编：《中国公民社会发展蓝皮书》，北京大学出版社 2008 年版，第 31—44 页。

吸取教训，最具实质性的行动步骤是政府改革，即加快由经济建设型政府向公共服务型政府的转变。[①]

主观上，政府也意识到，90 年代片面强调经济发展，盲目地不计代价地追求经济增长高速度，忽视了一个简单而基本的道理，即经济增长只是手段，而人的全面发展才是目的，发展的主体是人，发展成果最终落实到改善民生上，让全体社会成员共享改革发展成果。正是这样一个发展理念的形成，促使政府作用的范围、手段开始发生变化。2003 年政府机构改革仍然是进一步转变政府职能，加大宏观管理和监督体系；2008 年政府机构改革仍以加快转变政府职能为核心，但"是在以往改革基础上的继续和深化，以改善民生为重点加强与整合社会管理和公共服务部门"[②]。目标是"更加注重社会管理和公共服务，维护社会公正和社会秩序，促进基本公共服务均等化"[③]。十六大以来，中国政府突出强调关注民生、重视民生、保障民生、改善民生是政府的基本职责，要求各级政府着力解决好人民群众最关键、最直接、最现实的基本公共服务。这一变化，标志着经过 30 年的高速发展之后，执政党已经深刻地认识到经济建设为中心的同时，开始把社会建设提到突出的位置，预示着新一轮改革和创新浪潮的到来。这次转型，服务政府、责任政府等新目标建设进程明显加快。

如果说政府的第一次转型是中国的政府与市场关系的重塑，那么第二次转型就是政府与社会关系的重塑，前者要建立的是与市场经济发展相适应的经济管理体制，后者则是要建立与市场经济发展相适应的公共管理体制。

二　民间社团组织 SAMQ 面临的制度环境

国家体制的变化，社会的转型，使民间社团组织赖以生存和发

---

① 迟福林：《中国政府转型新课题——从经济建设型政府向公共服务型政府的转变》，《第三届中国金融论坛论文集》，2004 年。

② 华建敏：《关于国务院机构改革方案的说明》，2008 年 3 月 11 日，新华网（http://news.xinhuanet.com/misc/2008-03/11/content_ 7767872.htm）。

③ 温家宝：《政府工作报告》，2008 年 3 月，人民网（http://politics.people.com.cn/GB/1024/7020479.html）。

展的经济、政治、法律、文化等环境发生了根本的变迁，为民间社团组织的发展带来了巨大的发展空间。然而，在政府主导模式的国家，民间社团组织的成长离不开政府政策的转变和相关法律法规的优惠所创造的宽松条件。

制度就是一系列影响人类行为的规则或规范。新制度主义学派主要代表道格拉斯·C. 诺斯说："制度是一个社会的游戏规则，更规范地说，它们是决定人们的相互关系的系列约束。制度是由非正式约束（道德的约束、禁忌、习惯、传统和行为规则）和正式的法规（宪法、法令、产权）组成的。"[1]

制度作为"一个社会的游戏规则，更规范地说，它们是为决定人们的相互关系而人为设定的一些制约。制度构造了人们在政治、社会或经济方面的发生交换的激励结构，制度变迁则决定了社会演进的方式，因此，它是理解历史变迁的关键"[2]。所以了解民间社团组织的制度环境，是理解社团组织生存发展过程的关键。"作为制度的规则，是业已成型的行为规则，它具有相对的稳定性和长效性。构成制度的行为规则既包括成文的规范，也包括不成文的规范；既有得到权威机关认可并要求强制服从的法定制度，也包括未经任何权威机构发布但潜在地制约人们行为的非正式规则，也就是人们通常所称的'潜规则'。"[3]

学者何增科认为，民间组织发展的制度环境，是指那些影响公民结社行为和民间社团组织活动的各种正式的和非正式的规则的集合体。制度环境对民间组织的发展具有决定性的作用，合适的制度环境促进民间组织的健康发展，不合适的制度环境则会阻碍民间组织的顺利发展，并容易导致民间组织和国家的相互对抗。[4] 民间社团组织的成立，也即结社行为，通常被认为是典型的政治行为，必

---

① ［美］道格拉斯·诺斯：《经济史中的结构与变迁》，陈郁等译，上海人民出版社 1994 年版，第 3 页。

② 同上。

③ 俞可平等：《中国公民社会的制度环境》，北京大学出版社 2006 年版，第 6 页。

④ 何增科：《中国公民社会组织发展的制度性障碍分析》，《宁波市委党校学报》2006 年第 6 期。

然会受到国家相关政治制度的约束。政治制度一般由国家制定，体现了政府当局的根本利益和价值取向，是制约人们政治行为的一系列规则，是人类政治生活的行为准则。政府当局以此来约束公民的政治行为，与其他制度相比，政治制度更具有根本性，其约束力和强制性更大，当政治制度和其他制度相冲突时其他制度通常要让位于它。①

本书借鉴俞可平教授制度环境的划分方法，把国家用以规范和制约民间社团组织活动的所有正式的或非正式的准则，统称为民间社团组织的制度环境，包括五个方面的内容：宪法、法律、行政法规、党的政策、非正式制度。宪法，是我国的根本大法。法律，主要包括关于民间组织的普通法律和专门法律；行政法规，即政府管理部门关于民间组织的相关法令、条例、准则、规定、规章等；党的政策，即作为执政党的中国共产党关于民间组织的决定、通告、通知、意见、办法、指示等；非正式制度，即官方对民间组织的态度，包括各级党和政府领导人对民间组织及其活动的态度，以及散布于公民及政府中的影响民间组织活动和作用的各种"潜规则"。

（一）宪法②

涉及民间社团组织最重要的法律制度，首先是《宪法》第35条的规定："中华人民共和国公民有言论、出版、结社、游行、示威的自由。"这为公民的结社权利和结社自由提供了宪法保障。宪法作为国家的根本大法，是民间社团组织合法性的基本来源。中华人民共和国成立以后，民间结社作为一项公民的基本政治权利在宪法中得到了进一步肯定。1949 年作为临时宪法颁行的《中国人民政治协商会议共同纲领》规定："中华人民共和国人民有思想、言论、出版、集会、结社、通讯、人身、居住、迁徙、宗教信仰及示威游行的自由权。"1954 年通过的第一部《中华人民共和国宪法》再次肯定了公民的自由结社权，1975 年、1978 年和 1982 年，宪法曾经根据当时的政治需要做过重大修正，但自由结社这一保证公民

---

① 俞可平等：《中国公民社会的制度环境》，北京大学出版社 2006 年版，第 6 页。
② 同上书，第 14 页。

结社权利的宪法条款从未取消过。宪法规定了公民有结社的基本权利，支持人民自己组织起来，积极参与政治生活，参与社会事务的管理。因此可以说，从中国产生第一部宪法直到现在，至少从法理上说，民间组织的存在一直得到了宪法的保障，宪法为民间组织的存在奠定了合法基础。[①]

（二）普通法律[②]

宪法奠定了民间社团组织的合法性基础，然而民间社团组织的生存和发展是个复杂的过程，仅仅有宪法的基本合法性基础的保护是不够的。宪法条款只有在具体的专门法或普通法中得到体现，才有实际意义。原则上说，法律应当明确界定民间组织在国家政治生活和社会生活中的性质、地位、作用、活动范围、应当承担的法律责任和应尽的社会义务。民间社团组织是重要的社会行动者，也是重要的法人团体和民事主体。

经过 20 多年的努力，我国已初步形成了一个民间组织管理的政策法规体系。但是，正如有的学者指出的那样，我国现行的法律法规体系存在着立法位阶低、体系不健全及法律规制欠缺等问题，目前民间组织管理政策法规多为行政法规或部门规章，缺乏一部民间组织的"母法"[③]。相关的法律主要有两类：一类是普通法中涉及民间组织的有关条款，另一类是对一些重要民间组织的专门性法律。比如，《民法》中《民事诉讼法》主要对民间组织的法人地位以及作为法人应当承担的法律责任做出了规定，如 1986 年颁布的《民法通则》，确定社会团体可以取得法人资格，并且其中关于法人的一般规定可以适用于社会团体。而其他的法律则更多的是关于特定类别的民间组织在相关事务中应当享有的权利和需要承担的职责。后一类法律目前有《村民委员会组织法》、《居民委员会组织法》、《工会法》等，分别对政府认为最重要的民间组织——农村的村民

---

① 朱晓明：《中国民间组织生存发展的法律环境研究》，《浙江社会科学》2004 年第 3 期。

② 俞可平等：《中国公民社会的制度环境》，北京大学出版社 2006 年版，第 14 页。

③ 何增科：《中国公民社会发展的制度环境影响评估》，《江苏行政学院学报》2006 年第 4 期。

委员会、城镇的居民委员会和工会等提供了制度保障。

（三）政府法规

政府法规指的是政府行政管理机关发布的法令、规章、条例等，其主要作用是通过可操作的条款实施宪法和法律的相关规定。在一般情况下，政府法规常常表现为国家普通法律的实施细则和具体措施。然而鉴于中国目前基本上没有关于民间组织的一般性法律，所以关于民间组织的政府法规除了相应的法律条款的实施细则，大量涉及的是对民间组织的性质、地位、责任、权利、作用等的法律规定。现行的政治框架下，政府法规事实上构成了民间组织制度环境的主体内容。

1. 中央政府法规

1950年9月，政务院制定了《社会团体登记暂行办法》，1951年3月内务部制定了《社会团体登记暂行办法施行细则》。这两个法规主要是为了清理旧社会留下来的各种社会团体，对它们改造后重新登记。"在完成这一任务之后，这两个法规便逐渐被弃之不用，主要由各个部门分别主管与自己业务相关的社团的审批和管理工作，不再执行统一登记制度。"[①] 这两个法规再后来不发挥作用，是因为爆发了"文化大革命"。"1966年'文化大革命'开始后，各种造反派组织大量成立并开展夺权活动，而依法登记的各种合法性社会团体的活动则陷入停顿状态，社会团体发展的制度环境也遭到了彻底破坏。这种情况一直持续到1976年'文化大革命'结束。"[②]

改革前夕的社团管理制度，主要是由各个部门分别主管与自己业务相关的社团的审批和管理工作，不再执行统一登记的制度。[③] 改革开放以后民间组织不断增多，50年代颁布的行政法规又难以适应新的形势。为了加强对迅速出现的各类民间组织的管理，中共中

---

① 苏力等：《规制与发展——第三部门的法律环境》，浙江人民出版社1999年版，第26—27页。

② 何增科：《中国公民社会制度环境要素分析》，载俞可平《中国公民社会的制度环境》，北京大学出版社2006年版，第121—163页。

③ 苏力等：《规制与发展——第三部门的法律环境》，浙江人民出版社1999年版，第26页。

央和国务院曾于 1984 年联合下发了《关于严格控制成立全国性组织的通知》，当时负责社团管理的国家体改委根据这一《通知》精神，调整了社会团体管理的政策，从严审批和管理全国性社团组织。这些临时性的政策法规已经完全不适应改革开放后民间组织发展的需要，因此，1987 年，民政部受国务院委托起草了《社会团体登记管理条例》，并于 1989 年 10 月由国务院颁布施行。新的条例实施后，对鼓励和规范各类民间组织起到了极其重要的作用。然而，随着市场经济和民主政治的深入发展，民间组织的成长不断呈现出新的特点，新的条例也很快不适应民间组织发展的需要，民政部再次负责对《条例》进行重大修改，并于 1998 年以国务院第 250 号令的形式重新发布。虽然 20 世纪中叶到 20 世纪末，《社会团体登记管理条例》数度进行重大修改，但该条例在 20 世纪 50 年代初所确立的对民间组织进行"分级登记、双重管理"的制度框架至今仍未有实质性变化。

2. 国务院、行政部门法规

从数量上讲，用以规范各种民间组织的这类部门法规要远远多于中央政府的相关法规，主要有以下三类：作为国务院民间组织主管部门的民政部的法规、相关部委用以管理本系统民间组织的法规、民政部与其他部委联合发布的管理性法规。

民政部作为业务主管机关，负有管理全国民间组织的责任。其重要职能之一，便是制定管理民间组织的规范条款、实施细则和具体办法，出台相关管理政策。在民间组织管理方面，民政部在网上公开发布的法规达到 50 多项，涉及民间组织管理几个大的主要方面：各类民间组织的登记和审查；关于民间组织的名称、民间组织的业务主管、民间组织的编制、民间组织的内设机构和分支机构、民间组织的年检、民间组织的清理和撤销、民间组织的领导；其他的规定，比如《民政部、国家工商行政管理局关于社会团体开展经营活动有关问题的通知》、《关于社会团体兴办经济实体有关问题的复函》，等等。

由于对民间组织的管理除了行政事务外，还涉及税收、经费、编制等事务，民政部为了增强管理的权威性和有效性，还与一些相关的职能部委联合发布管理法规，形成跨部门的管理性法规。这类法规涉及的主要问题有：登记审查、印章管理、经费管理、编制和人事管理、监管、经营活动等。

具体到SAMQ是武术类群众体育组织，会员基本上是退休的中老年妇女，组织发挥的最大功能就是全民健身，所以它的生存和发展还跟国家体育部门等制定的政策有关。比如，1995年全国人大常委会通过了《中华人民共和国体育法》，从根本上确立了群众体育的发展地位和作用。同年，国务院下发了《全民健身计划纲要》，对2010年前我国全民健身的目标和任务、对象和重点、对策和措施以及实施步骤等进行了计划和部署，并辅以"全民健身一二一工程"，予以落实。在此前后，还颁布了《社会体育指导员技术等级制度》、《社会体育指导员职业标准》、《中国成年人体质测定标准》等相关法规，使之相互配套，促进了社会体育的有序发展。《全国性体育社会团体管理暂行办法》、《中华人民共和国民政部关于取缔法轮大法研究会的决定》以及国家体委、教委、民政部、建设部、文化部联合发布的《关于加强城市社区体育工作的意见》、健身气功等方面的政策和规定都对该类民间社团的生存和发展产生着影响。与群众体育相关的法制建设都是该类民间社团组织所面临的制度环境的一部分。

3. 地方政府法规

民间组织管理方面，省（直辖市、自治区）、地（地级市、市辖区）和县（县级市）三级地方政府根据本地实际情况，按照中央政府和国务院有关部委的法规，制定了大量在本地区范围内适用的地方性行政规章，以省级政府及其职能部门的相关行政法规为主。地方政府的相关法规，主要是在本地区贯彻落实中央有关文件和国家有关法规的具体办法及措施，比如H市的《全民健身实施计划》、《市民健身条例》、《全民健身发展纲要》等。

（四）党的政策和规定

在中国特殊的政治背景下，党领导人民制定法律，并组成政府，国家的法律主要体现着执政党的意志。执政党的政策规章与国家的法律规章一样具有权威性和有效性。从某种意义上说，甚至比政府的法规更具有决定性的意义。党中央及其领导部门的正式文件和政策，包括指示、通知、公告、规定、办法、意见、条例等，以及最高领导人的批示、文章、正式讲话等，与党中央的文件具有同样的权威性，两者一起构成了党的政策规定。在民间组织管理方面，党的政策规定也像政府法规一样具有法定的权威性，有时甚至更加重要。有研究表明，多数社团是由政府主管部门发起成立的，目的是协助其进行管理工作；党和政府有关民间组织管理的法律政策具有强大的约束力；业务主管单位比登记管理机关具有更大的影响力；业务主管单位主要是通过推荐或派遣社团领导人、出席社团会议、参加社团活动、审查社团年度工作报告和财务报告、派遣人员到社团任职并发放工资等方式影响社团；党和政府还通过在社团建立党组或选派党政官员在社团做领导来影响社团。①

改革开放以来，中国共产党特别强调依法治国，其基本执政方式就是依靠国家的法律法规管理包括民间组织在内的所有社会事务，随着党的执政水平的提高，其直接干预和管理民间组织的程度正在日益降低。但是不容否认的是，党从根本上规范着中国民间组织的发展方向，党的方针政策是国家立法活动的根本指针，党的政策规定也是民间组织最重要的制度环境之一。它从以下几个方面引导和规范着中国公民社会的发展：第一，进行宏观政治经济体制改革，为民间组织的发展开辟制度性空间。第二，根据实际需要引导政府进行立法或制定政策法规，直接推动某类民间组织的发展，或者对民间组织的发展进行宏观调控。第三，为了加强和改进党对民间团体的领导，对民间组织中的党组织建设和党员领导干部在民间组织中的任职做出明确规定。

（五）非正式制度

非正式制度指的是那些没有以官方文件形式发布但却持续地影响民间组织成长发展的非正式规则，俗称"潜规则"就是一种非正式制度。② 中国传统政治文化中存在着对民间组织的不信任和轻视。

① 沈友军：《党和政府对社团影响的定量分析》，《求索》2005 年第 1 期。
② 俞可平等：《中国公民社会的制度环境》，北京大学出版社 2006 年版，第 21 页。

在古代，民间组织往往等同于秘密会社，后者一般处于官府的对立面，民反官的传统多来自秘密会社这种有组织的力量。在当代，人们往往信任党和政府的权威，一些人认为民间组织就是"非政府"组织，"非政府"组织是党和政府的异己力量，很容易成为反政府组织，因此对民间组织及其活动采取怀疑、防范和抵制的态度。对于中国的民间组织来说，官员对民间组织的态度，以及政治文化和政治传统对民间组织的习惯性倾向，是最重要的非正式规则。①虽然非正式制度大量地散布于人们的日常生活和一般的言谈举止中，研究有一定的难度，还是有一些研究发现，近些年来各级党政官员对民间组织抱有一种相当复杂和矛盾的心态。一方面，他们看到了中国推行社会主义市场经济后，政府面临着职能的转变，一部分政府职能将交给民间组织，尤其是对于那些可以丰富民众的业余生活、有利于社区和睦、帮助贫困人员的兴趣组织、互助组织和公益组织，官员一般持积极的、肯定的、支持和鼓励的态度，并采取一系列措施加以扶持，充分利用和发挥其积极作用。另一方面，许多官员又对民间组织存在着一种惧怕的心理，一是担心民间组织过分发展会失去控制；二是担心一些民间组织在成长壮大后会跟政府对立，成为党和政府的对手。因此，他们对于民间社团的发展始终存在想让其壮大，又害怕其壮大的矛盾心态。

在普通公民中也普遍缺乏对民间组织的信任。中国传统政治文化的基本倾向之一是重政府而轻民间，对政府机关的信任远超过对民间组织的信任。碰到性质不明的机构或组织时，人民首先会问"这个单位是哪里的，是政府的还是其他的？"在许多人心目中，政府部门是可靠的，而非政府部门是那么不可靠。据民间组织北京大学法学院妇女法律研究与援助中心反映，许多人习惯于认为民间就是非政府，就是非组织、无政府状态，由此导致民间组织在开展活动的过程中备受"关注"，并经常有"敏感"的遭遇，这表明民间组织在发展过程中首先遇到认识上的限制，一些人从思想观念上还

---

①　何云峰、马凯：《当前我国非政府组织发展面临的主要问题》，《上海师范大学学报》（哲学社会科学版）2004 年第 2 期。

没有足够的准备来接纳民间组织。① 传统政治文化中这种对民间组织的不信任和轻视，也从深层制约着中国民间组织的健康成长。

第二节　民间社团组织 SAMQ 面临的技术环境

从新制度主义看来，组织不仅是适应制度环境的产物，也是追求技术目标的产物。SAMQ 作为一个专业性社团组织，在追求组织技术目标的过程中，必然面临着技术环境的不断变化，技术环境主要是协会所从事的 L 项目发展过程中面临的环境，分为协会 L 项目内部流派之间构成的环境和协会 L 项目与其他项目之间构成的环境。这里着重介绍协会项目内部流派之间构成的环境。

一　Y—L②——中华武术 L 项目的产生

Y-L 项目，又称中华武术 L 项目。在全民健身活动中，巾帼不让须眉，妇女朋友无疑是一支重要的方面军。"万里赴戎机，关山度若飞"，与古代 HML 的爱国、爱家思想一脉相传，L 项目这项融中华武术之刚健和现代健美操之柔和为一体的武术运动，充分展示了我国现代妇女坚毅、优雅和英姿勃发的风采。H 市的全民健身活动如火如荼。凡到过 H 市的人，无不对活跃在大街小巷的 L 项目练功健身留下深刻的印象。

L 项目，由 SAMQ 现任会长创始于 70 年代。由于 L 项目本身所具有的科学性、合理性和审美价值，使它问世后很快成为广大群众，尤其是妇女朋友首选的一项健身健美运动。近年来，L 项目爱好者的队伍迅速发展壮大。仅 SAMQ 的爱好者就达到 10 余万，全

---

① 郭建梅：《中国民间组织的生存和发展——以北大妇女法律研究与服务中心为例》，《妇女研究论丛》2000 年第 5 期。

② Y-L 表示 L 项目的 Y 流派。L 项目的创始是存在争议的，按照协会领导人的意思，L 项目是协会创编的，名字也是自己取的，但访谈其他相关人士，会认为名字不是协会取的，是另有人取的这个名字，还有说 L 项目另有人士创编等。其中争议很多，但这些都不在本书关注的范围内，笔者无意于去纠缠 L 项目的创编人到底是谁，名字到底是谁取的等问题，着眼点只在于协会在这样复杂的技术环境下是如何行动的。

国则逾百万之众。L 项目运动已成为全民健身活动的重要组成部分,在全民健身活动中大展风采。L 项目作为一个年轻的武术体育项目,发展至今已有 30 多年的历史了。

当问起 L 项目的时候,协会领导用了一句高度总结的话语"L项目的创始,应该说是时代赋予的一个机遇"引出了她对 L 项目的介绍。1968 年 12 月 22 日,中央人民广播电台预告,今晚将广播"毛主席最新指示"。成千上万的中国人虔诚地守候在收音机旁,等待着聆听"毛主席的声音"。这次广播播出了《人民日报》将于次日发表的一篇报道及其编者按。这篇报道介绍了甘肃省会宁县城关镇部分居民到农村安家落户一事,其标题是"我们也有两只手,不在城里吃闲饭"。《人民日报》为这篇报道所加的编者按语引述了毛泽东 10 多天前的指示:"知识青年到农村去,接受贫下中农再教育,很有必要。要说服城里的干部和其他人,把自己的初中、高中、大学毕业的子女送到乡下去,来一个动员。各地农村的同志应当欢迎他们去。"这就是著名的"12·11 指示"①。这一指示改变了整整一代城市青年和数千万城市家庭的命运。也正是毛主席的这项指示,为 L 项目的诞生提供了契机。

20 世纪 70 年代,我积极响应党的号召,到黄山参加支内工作,长期的水土不服和过度劳累,硬生生地将一个健康好动的我折磨成了一个病秧子,病倒了就回 H 医治,一有好转就回工作一线,黄山到 H,H 到黄山,有一天我正干活,干着干着,觉得肚子饿得"咕咕"叫了,想抬头看一下时钟,刚站直身体,突然眼前一黑,口流鲜血,周围的人都吓坏了,连忙把我送到医院,后来医生诊断是风湿性关节炎、肺病大吐血、严重的心室早搏,必须立刻回上海住院治疗,回到上海,我依旧重病缠身,医院的病危通知隔三岔五地送到我家人手中,医院给我的最终建议就是动手术。但是,我断然拒绝了手术,并大胆地向医生提出出院申请。这并不表示我不接受治疗,而是我有

---

① http://baike.baidu.com/view/24902.html.

自己的想法：在医院，吃不好，睡不香，整天躺在床上，没病也会得病；何况生命在于运动，我坚信，练气功、打太极一定能改善病情。有一天，我照例来到公园锻炼，忽然，目光被一位中年妇女的拳术吸引了，动作柔美，节奏畅达。就问了一下，原来这套拳叫"HJQ"，这套拳的老师是 YWD。跟着 Y 老师练了几招，直觉告诉我，这套拳就好像是自己相识多年的好友，难道这就是命中注定？我从小爱好体育，学过太极气功、武术技击、体操，现在又学会了花架拳，我当时心里想，为何不将它们的特长结合起来，创编一套适合自己锻炼的拳术呢？于是，每天清晨一到公园大草坪，就摆出"HJQ"的一招一式，认真分解、反复揣摩。为了论证新拳术对人体的康复功能，我还经常去图书馆查询资料，还特地去北京、广州寻访中医界的教授、体育界的教练。终于，一套新拳术粗具规模。这套拳术呢，是在花架拳动作的基础上，融入了太极气功、舞台艺术造型、体操基本功和武术技击基本功。这是 70 年代末 80 年代初的事情了。①

同时，L 项目的产生也是个社会发展的必然产物。改革开放初期，随着社会经济的发展、人们物质生活水平的不断提高，人们对身体健康的关注增强，由此激发人们产生更多样化的体育需求，这给群众体育的发展带来了良好的社会环境。

L 项目的发展，得益于改革开放的好政策，如果不是改革开放的政策让人民群众得到了实惠，吃得好了，穿得好了，生活得好了，这样大家才有心去关注自己的身体，关注自己的健康问题，就会想到锻炼。如果大家连肚子都吃不饱的话，我创编的这套拳再好都是没有用的，也不会发展到今天这么红火的地步，你说是吧……②

---

① 资料来源于对协会领导人的访谈。
② 同上。

　　然而，当时除了竞技体育项目之外，可以供群众活动体育项目比较少，群众的体育需求旺盛，而供给不足，这可能也是 L 项目这项运动诞生的一个很大的原因。

　　　当时可以活动的项目特别少，除了迪斯科，还有就是交谊舞。迪斯科嘛，吵吵闹闹的；交谊舞嘛，男男女女搂搂抱抱的，感觉很不舒服，别的没什么可活动的项目。平常呢，会在公园里走走看看，看别人都在练什么，后来偶然的机会，听到特别动听的音乐，就闻声过去看看，发现不仅是音乐好听，动作也非常漂亮，我就想跟着学学……跟着慢慢地学，学会了就自己锻炼，后来别人看到我在打这个拳，别人就问这是什么项目，我就告诉他们，他们会跟着学，我身边的人也会跟着学，我想 L 项目的逐渐推广，可能就是这样一传十、十传百传开的……①

　　　当时嘛，退休了没什么事情做，就想着是不是得锻炼锻炼身体，但是当时也不知道要练什么，不像现在，这么多名目的项目。我有一次是从电视里看到的，感觉音乐好听，动作优美，就仔细地了解了一下这是什么项目，后来知道是 L 项目，并且听说这项运动呢，可以防病、治病，还可以健美，我就试着去学习，结果一学习就喜欢上了，到现在我已经坚持了 20 多年了。②

　　随着 L 项目爱好者队伍的不断壮大，当时还没有名字的这项运动，竟吸引了这么多姐妹的喜欢，使得命名这项任务显得十分必要。

　　　平时就是大家一起学拳的时候，会看到一些姐妹在工作上、在生活中碰到一些不顺心的事情，往往会为之难过、伤心甚至

---

　　① 资料来源于对早期 L 项目活动的参与人、现 H 市武术院 L 项目国家规定套路专职教练 MMF 的访谈。
　　② 资料来源于对协会会员的访谈。

偷偷落泪，有时为了一点小事都不能坚强面对，这个时候呢我就想起了我们的民族英雄 HML，因为我从小就觉得 HML 是我们女性的骄傲，是女性学习的榜样和楷模。为了弘扬 HML 精神，就想着把自己创编的这套健身拳术叫作 L 项目，让更多的姐妹通过练习这套拳，能够自信、自立、自强、自尊，真正体现出新时代女性健康向上的精神风貌。

就这样，L 运动项目逐渐在姐妹们中间传开去，群众基础越来越壮大。

在创编 L 项目的过程中，SAMQ 的负责人注重了生理学、运动心理学、医学和美学等多角度，来推敲每一个形体动作中关节、肌肉、韧带的运动状态，并仔细体验意志的控制引导，以及呼吸韵律的调节。创立了腰带四肢、四肢随神、神随意。腹实胸宽、上下相随、圆而不滑、慢而不滞、连绵不断、一气呵成的拳术要领。经过近 30 年的潜心研究创编，这项融中国武术之刚健和现代健美操之柔和为一体的健身拳术，目前共有 18 个套路，并规范出由两套徒手、一套单扇、一套双扇、一套单剑、一套双剑组成的六套长套 L 项目。为了 L 项目的提高和交流，又将 L 项目六个套路，每套 7 分多钟的长套，简化成每套 4 分钟的简化比赛套路。

1995 年 6 月，国家武术管理中心、中国武术协会举办的"中国武协 L 项目评审会"在江苏常熟召开，武术专家权威 MXD、WB、HHM、LDX、QZY、LSX、WPK、WJX、WZJ、HCF 等对协会领导人 YMF 创编的 L 项目进行了认真讨论和研究，形成了 L 项目评审会纪要：L 项目属于武术范畴，YMF 创编的 L 项目比赛套路得到基本认可，并由国家武术管理中心以国体 76 号文件下达至全国各省市体委。并正式确立 L 项目为中国武术的第 130 种拳种，为 L 项目的健康有序发展打下了良好的基础。

为了满足更多妇女的需求，又在原有的基础上创编了 ML 拳二十八式、ML 扇三十八式、ML 剑四十八式竞赛套路，1998 年 4 月，经过中国武术院全国武术专家的评审会正式通过，中国武术院以 127 号文件下达了各省、市体育局。"1995 年的下半年，由 H 市 PT

区人民政府主办，SAMQ 协会组织的 H 市第七届 L 项目运动会上，参赛运动员竟达 3000 多名，在 CF 公园的大草坪上，分六个赛区，四十多名裁判，一个音响喇叭，当时我在主席台上，看着每个赛区有的三个队，有的四个队，比赛 L 项目简化套路，有徒手、单扇、单剑、双扇、双剑，秩序井然、有条不紊地进行着比赛。我在想，如果以后参赛的运动员还要增加该怎么办？于是，萌发了将 4 分钟一套的 L 项目简化套路缩短为 3 分钟一套，也就是把原来的六套简化比赛套路精简为三套，即二十八式拳、三十八式扇、四十八式剑，便于更多的人来参赛。当时我和电视台、出版社共同制作音乐和摄像。正在制作准备发行，H 武术院告诉我，中国武术院又要评审 L 项目。当时，我义不容辞地将我创编和拍摄的 L 项目竞赛套路的 VCD 送往北京接受评审……"

之后，YMF 又陆续创编了双扇的表演套路和双环操。随着 L 项目健身热潮不断兴起，H 市体委、H 市武术院举办了 H 市 L 项目社会体育指导员培训班，协会多名教练员参加了培训，教练员队伍的素质进一步得到提高，一批优秀的 L 项目社会体育指导员对协会的发展起着不可估量的作用，在协会践行全民健身计划纲要的实践中起着重要作用。

由于拳的发展变化，又出现了有着同样的名字，但动作不大一致，音乐完全不同的拳种，姑且称为流派。新的流派的出现，社会上把协会所开展的这个拳看作流派之一，称之为 Y—L 项目，也叫中华武术 L 项目。

二　H 市 DSJ 的 L 项目——中国 L 项目的出现[①]

中国 L 项目创立于 H 市 DSJ。20 世纪 80 年代时任 DSJ 治安保卫科长的 LG 先生与副科长 WYK 先生经策划，并打报告向团市委申报和团中央备案成立了"中国 DSJ 武术竞技交流中心"。在掀起 DSJ 武术竞技活动热潮的同时，与民间 HJQ 师 YWD 女士的嫡传弟

---

①　这部分的撰写主要参考网站 http：//www.china-magnolia.com/huagw.asp，以及从一些访谈资料中获取的信息综合而成。

子 WQE、YMF（SAMQ 的负责人）等合作，并组建"中国 L 项目 DSJ 总会"。为了有专人照应日常事务，LG 先生还以组织名义聘用临时合同人员 ZXM、LNJ 两人协助工作。

为使中国 L 项目在原有的萌芽状态下更上一个新的台阶，并有一个广阔的发展前景，LG 先生即以中国 DSJ 武术竞技交流中心主任的名义和超越自我的胆识，果断发起创立全新的中国 L 项目科学健身体系，首先在创立签字仪式上得到了由 ML HJQ 形成的诸多流派代表和 H 市武术院全权代表（前任院长）HCF 女士的签字支持。并在 WQE、HYY 等一批 L 项目老前辈的协助下创编推出了中国 L 项目第一批基本套路。后因种种原因，YMF（SAMQ 的负责人）带领部分骨干脱离 DSJ 另外申办 SAMQ。

之后又于 1993 年 4 月试点成立了"H 市 DSJ 的 L 项目艺术院"，LG 先生即以创立者个人和组织的双重名义，先后聘请了一批业余兼职"高级教师"协助套路创编。但因 DSJ 集团从未下达过创编中国 L 项目套路的任务，LG 先生只得作为业余自发行为，在经过精心策划和构思之后，分别与有关人员个别研究和带领"高级教师"共同汇编出又一批中国 L 项目早期套路。2002 年随 DSJ 体制改革，这些原"高级教师"被解聘或自动脱离 DSJ。但创立者 LG 先生仍坚持以院长和法人代表的身份继续领导 H 市 DSJ 的 L 项目艺术院，在举办历年度中国 L 项目大型全国推广培训班的同时，又亲自创编推出了又一批中国 L 项目最新套路而赢得海内外广大 L 项目健身爱好者的好评和尊崇。至此协会的发展出现了一个竞争者，也为广大民众的健身生活增添了新的选择——中国 L 项目。

中国 L 项目早在 1992 年就被国家有关部门批准拍摄成世界上第一部 L 项目科教电影，1996 年又被国家确立为全民健身首推项目并入选《中华体育健身方法·征集第一卷》。1998 年还荣获国家体育总局武术运动管理中心授予的"在 L 项目事业发展过程中，做出突出贡献"荣誉证书，并被列入新中国成立以来最权威的《中华武术图典》。

中国 L 项目发展得如火如荼，成为 L 项目发展中不可忽视的一支力量，也成为 SAMQ 发展不得不面临的技术环境中的主体之一。

三　国家规定套路 L 项目的产生

1999 年 7 月 22 日,《中共中央关于共产党员不准修炼"法轮大法"的通知》公布,《中华人民共和国民政部关于取缔法轮大法研究会的决定》出台,而"此时的 SAMQ 的规模不断扩大,确实发展得很成功,只教练员就有接近 400 个,每个教练员下面又有很多学员,当时的总局领导看到这么多人都在练 SAMQ 这个项目,就说大家想想如果这是在练法轮功怎么办(言下之意,担心危害社会,威胁社会稳定——笔者注)。再加上中国 L 项目和 SAMQ 的中华 L 项目套路之间的不同,民众很容易为此起争执。这时国家体育总局决定出台一个国家规定套路来整合和规范 L 项目的发展,委托 H 市武术院编套路(因为 H 市是 L 项目的发源地)。2000 年,国家体育总局武术管理中心审定出版了 L 项目国家规定套路,H 市武术院改编的套路是结合 SAMQ 的中华武术 L 项目套路和中国 L 项目的套路,重新选择音乐而成的。同时 H 市武术院开办辅导班,把新的套路——国家规定套路教授给群众"。①

这些事情我们都不要掺和进去的,没什么意思。说来话长,那时候我那个老师,我们出来得比较早,刚开始我们是很嫩很嫩的,我们没有什么资格的,两三年,我们只是一般的教练员,当时老师说那个来了叫我们去学,我们又不懂什么东西啊,就很盲目地去学,根本不知道到底是怎么回事,我们很蒙的,当时,自己也很纳闷,都是 L 项目怎么这么多名堂,身边就有团队是练中国 L 项目的,有时候还会为到底哪个是正宗的争执……后来国家出规定套路,我们也去学,证书我们都有的,当然现在时间长了,我们慢慢都清楚了,我们找我们自己喜欢的风格就行了,这个东西最好我们都不要掺和进去,我们只选择我们喜欢的方式健身就好了,反正我们 SAMQ 很不容

① 资料来源于对 H 市武术院 L 项目国家规定套路专职教练的访谈,这位教练原来是 SAMQ 中的业务骨干。

易的。①

这也是 1999 年"法轮功"事件影响下进行的一部分工作，当时国家为了加强科学健身的知识普及和宣传工作，体育局方面还出版了《H 市健身指南》和 L 项目、练功十八法、回春功、益寿功等系列挂图和电视教学片，有力地抵制了"法轮功"的歪理邪说，保证了全民健身运动的健康发展。

至此，L 项目的第三流派诞生，L 项目的发展呈现"SAMQ 的中华 L 项目、中国 L 项目、L 项目的国家规定套路"三足鼎立的局面。

要想更好地理解民间社团组织的各种组织行为，必须把它放在自己所面临的环境中去思考，社团组织面临着两种不同的环境，一种是制度环境，一种是技术环境。社团组织一方面要在复杂的技术环境中最大化组织的绩效，另一方面又要面临制度环境，不断接受和采纳法律制度、文化期待、社会规范、观念制度等。实际上，社团组织的发展是与周围环境不断相互作用下，不断变化、不断适应周围社会环境的产物。

协会 SAMQ 一方面面临着国家各种各样的正式制度、非正式制度、党和领导人对民间社团组织发展的态度等所组成的制度环境，另一方面面临着项目发展的复杂技术环境。民间社团组织要想生存和发展，必须想方设法确保组织的生存，而往往是积极有效的组织才能够生存和发展下去。这里的有效主要指的是民间社团组织创造可以接受的成果和行动的能力，即组织的效力问题。而对于民间社团组织来讲，就是社团组织所进行的活动以及进行活动所带来的成果是否被外部接受，由组织外部的环境来最终评判组织和组织活动的可接受性。从某种意义上讲，环境包括对组织的活动和成果有影响的任何事情。但是，尽管你可以设想组织的环境，并将所有影响组织的因素都包含进去，但这样对理解组织的反应毫无益处。并不是所有的外部环境都对组织产生影响。这一方面是因为，它们与组

---

① 资料来源于对 SAMQ 所辖的 BS 辅导站现任站长的访谈。

织相分离或者它们与组织之间有一定的缓冲余地；另一方面是组织没有注意到那些事情，并不是发生的一切事情都足以引起组织的回应。[①] 所以，对于 SAMQ 来讲，面临复杂的制度环境和技术环境，在采取行动策略之前会有对环境的关注、理解和解释的过程。

---

① ［美］杰弗里·菲佛、杰勒尔德·R. 萨兰基克：《组织的外部控制：对组织资源依赖的分析》，东方出版社 2006 年版，第 25—42 页。

第四章

制度环境下民间社团组织
SAMQ 的行动策略

第一节　民间社团组织 SAMQ 对制度
环境的关注和解释

对于 SAMQ 而言，它所面对的制度环境是复杂的、多样的，除了《社会团体登记管理条例》，还有民政局与体育局联合颁发的一些文件等，党的政策、领导人的态度等，这些都是组织不得不面临的环境。对环境做出反应的主要是组织本身，组织环境不是既定的事实，它们是通过关注和解释的过程而形成的。而这个过程很大程度上又受到组织的构建过程的影响。

改革开放政策的实施，经济体制改革、政治体制改革的进行，为民间社团组织的发展带来了极大的生存和发展空间，SAMQ 的发展是伴随着改革开放而发展的，SAMQ 协会享受到了改革开放带来的巨大的发展空间。一方面，改革开放的发展使得人们的物质生活水平提高了，人们开始关注自己的身体，关注自己的健康，参加各种各样的健身活动，推动着人们投入到 L 项目的锻炼中，协会的锻炼队伍不断壮大。另一方面，1988 年在改革开放十年之际，具有广泛群众基础的 L 项目研究会（SAMQ 的前身）成立，当时成立 L 项目研究会就是为了有组织地发展和推广 L 项目。要想更好地有组织地发展 L 项目，必须密切关注国家关于民间组织的相关政策和规定，一定要严格按照国家的政策、制度进行活动，只有充分利用国家的政策和制度带来的发展空间，才会有组织的长存。组织深知：

国家的承认、制度的认可，是组织发展的关键因素。

协会有今天的发展呢，首先要感谢党的改革开放好政策。正值 1978 年改革开放，我开始创编 L 项目，改革开放之后，政府的服务意识、法制意识都不断增强，国外先进的东西不断引进来，为社团发展提供了很好的环境，很利于社团的发展。这是大的方面。还有呢，就是改革开放之后国家发展很迅速，人们生活水平提高了，人们对身体健康的诉求在提高，不然的话我编再多再好看的 L 项目也没人会去学去练啊。①

中华武术 L 项目的姐妹们积极响应党的号召，努力营造和谐社会，为国家经济保持持续健康发展做贡献，将自身事业的发展方向始终保持在党和政府规定的框架内。②

协会的宗旨是为贯彻国务院、国家体委制定的全民健身计划，提高全民身体素质，促进 L 项目运动普及提高，造福人类。③

L 项目健身运动长期以来得到 H 市政府、H 市妇联、H 市体育局和社会各方的关心和支持，使我们真正感受到了党的温暖和强大的精神支柱。我们协会做了一些微不足道的工作，可是社会却给予我们很大的鼓励和荣誉，使我们更加认识到我们的社会责任感和使命感，一定要以三个代表重要思想来指导我们的各项工作。继往开来，任重道远。我们要遵照有关规定把协会工作搞得更好，为进一步创造和谐的家庭、和谐的社区、和谐的社会，为三个文明建设和提高妇女的生活质量而尽心尽力。

协会自成立以来，在思想建设方面投入的管理精力是很大的。因为 L 项目协会是个群众组织，人员来自各行各业，他们存在着年龄层次、文化层次、兴趣爱好、觉悟高低的差异，所

---

① 资料来源于对协会领导人的访谈。
② 中华武术 L 项目 1988—2008，SAMQ 编。
③ 同上。

以协会规定每月一项教练员和辅导站站长会议制度，利用三个小时的时间集中学习和研究管理层面的有关政策，进行社会主义精神文明的自我教育，自觉抵制各种不良的思想影响。经常灌输给基层领导同志这样的思想，我们的一切活动都要在国家的政策和规定允许的前提下进行。[1]

这刚刚进行过十七届四中全会，你看看我学习的东西，我还记了笔记（拿给笔者看），我非常注重党和国家的政策的学习的。我觉得我们协会的成功就在于我们开展的活动始终遵循着政策允许、领导同意、群众需求这样的原则。[2]
　　……

从以上的资料中可以看出，协会是非常注重国家政策和规定的允许、密切关注国家的政策动向，所组织的活动也是紧紧结合国家大的形势而开展的。协会通过对所处环境的关注和理解，得出这样的行动准则：进行任何活动都要在遵照相关规定，在政策允许的范围内，从早期的关注国家的稳定到后来关注社会的和谐。鉴于协会的性质，一方面要关注对于所有协会都有指导作用的国家的政策导向、对所有社会团体都有约束力的《社会团体登记管理条例》等制度；另一方面要紧密结合自己组织的性质，密切关注国家在健身方面的政策，以及体育部门对体育类社会团体的政策规定，等等。比如《全民健身计划纲要》的出台，表明国家日益重视广泛开展群众性体育活动、增强人民体质，而体育类社会团体是发挥作用的重要主体。

李景鹏教授的《北京、浙江两地调查的总的一般性的分析报告》中的相关调查数据表明，最不利于民间组织发展的问题依次是：缺乏资金、场地（北京 38.7%，浙江 40.8%）；管理体制太严格、太混乱，限制过多（北京 33.4%，浙江 22.7%）；对社会团体

---

① 资料来源于《H 市第二届 L 项目理论研讨会论文集》。
② 资料来源于对协会负责人的访谈。

的定位不清，法律地位不明确，相关立法不健全（北京 22.8%，浙江 20.5%）；政府不够重视（北京 22.0%，浙江 19.9%，黑龙江 23.8%）。① 清华大学 NGO 研究所 2000 年对全国社团组织的抽样调查也表明，目前中国民间组织面临的主要问题是：缺乏资金、活动场所和办公设备，政府支持力度不够，缺乏人才，缺乏信息交流与培训机会，相关法律、法规不健全，组织内部管理不规范，政府行政干扰太大等。②

从这两个数据来看，民间社团组织面临的首要问题都是资金、活动场所问题。在 SAMQ 看来，自己组织发展同样面临这样的问题。协会注意到要想获得组织的长足发展，必须有发展的空间，同时要有发展的资源。对于体育健身类社团组织来讲，有三大资源必须实现，一个是要充分获得组织的合法性，一个是要获得组织开展活动所需要的资金，一个是组织日常活动开展的场地。活动资金和活动场地被 SAMQ 列为协会发展必须获得的两大重要资源。

　　对于组织的发展来说，最重要的就是政府对组织认可，另外就是只要开展活动，是个组织就要有车马费、餐饮费等一些开支。还有就是举行活动的时候要做一些宣传，请记者、请电视台、请主持人等，这都是需要资金的，租用场地也需要费用，没有这些东西活动是很难开展的。另外，就是协会会员每天早晨的打拳锻炼的场地，我们下面的辅导站有好多都经历了找场地的艰辛和痛苦，没有场地活动就没办法开展，活动不开展组织就没有了存在的意义。但是怎么说呢，需要的资金，我们都是靠自己的，政府是没有资助的。③

协会认为，并不是所有的环境变化都会给组织造成威胁，组织

---

① 俞可平：《改善我国公民社会制度环境的若干思考》，《当代世界与社会主义》2006 年第 1 期。

② 王绍光、王名：《促进我国民间非营利组织发展的政策建议》，载王名《中国非政府公共部门》，清华大学出版社 2004 年版，第 73 页。

③ 资料来源于对协会负责人的访谈。

会在发展的过程中不断地注意环境的每一点变化，并根据组织本身一定的判断力去判断组织该如何行动。协会认为只有充分利用制度的力量，在制度允许的范围下，组织获得充分的合法性，组织发展所需要的资金以及开展活动所需要的场地才能维持组织的长足发展。

第二节　充分利用制度的力量获取组织的合法性

　　面对制度环境，出于生存的需要，民间社团组织不仅要为争夺资源和会员而展开竞争，还必须为争取制度合法性而展开角逐。组织一方面会适应制度环境的要求，另一方面也试图改变和控制制度环境。Oliver 指出，在不同的条件下，面对制度环境的要求，组织可以采取多种应对方式。按照组织相对于环境的主动性程度，从低到高可以依次把组织应对制度环境的战略分为默从战略、妥协战略、回避战略、抗拒战略和操纵战略。[①]

　　由经济体制改革所启动的社会转型，使得当前的中国处于一种被称为"后总体性社会"的过渡阶段之中：经济体制的改革，社会结构的转型，权力格局的变迁，使国家权力从社会的部分领域中隐退（自由活动空间）以及对部分稀缺资源的控制放松（自由流动资源）。[②] 这为民间社团组织的生存与发展提供了一定的空间和机会，但国家仍然具有巨大的资源控制能力和社会动员能力，在政治和社会领域依然占据明显的强势地位。因此，在中国，国家的认可则是民间社团组织合法性成立的首要条件，而且它们的生存和发展除了这一前提之外，还要受到法律和社会行政机制的约束。[③] 要想获得组织生存发展所需要的空间和资源，就不得不与国家和社会进行互动。而要互动，首先要具有被国家和社会认可的合法性身份。所

---

　　① 费显政：《新制度学派组织与环境关系观述评》，《外国经济与管理》2006 年第 8 期。

　　② 孙立平等：《动员与参与：第三部门募捐机制个案研究》，浙江人民出版社 1999 年版，第 1—18 页。

　　③ 邵华：《合法性问题与社团组织的发展》，《甘肃社会科学》2007 年第 3 期。

以，民间社团组织面对复杂的制度环境，只有采取默从的战略，充分地获得合法性，而合法性机制正是组织与现存制度环境发生关联的一个重要方式。

合法性是个内涵丰富而复杂的概念，韦伯、帕森斯、阿尔蒙德和鲁曼以及哈贝马斯均有过重要论述。在韦伯看来，合法性的"法"既包括国家的制定法也包括由道德、宗教、习惯和惯例构成的规范。因此，合法性的基础可以是法律秩序，也可以是一定的社会价值或共同体沿袭的先例。在任何社会关系中的社会行动，都要受到行动者自己对合法性秩序的信念支配。帕森斯从组织的价值追求角度强调了组织的合法性必须与广泛的社会价值相一致，合法性很大程度上被理解为对组织目标的社会评价的适应。① 阿尔蒙德和卢曼的研究则在合法性和国家行动能力之间建立了联系。阿尔蒙德认为，国家的合法性对其发展具有重要意义，"一个政治体系提取资源、管制行为和分配产品与服务的能力将受制于当局合法性程度和性质"②。哈贝马斯认为，合法性意味着某种政治秩序被认可的价值。在哈贝马斯看来，国家的合法性并不是自然形成的，在很大程度上是自觉努力的结果，如果没有合法化的过程，合法性很难保证。在不求助于合法化的情况下，没有一种政治系统能成功地保证大众持久性的忠诚。③

合法性概念经历了从最初的"与法律相一致"，到韦伯与哈贝马斯的统治者被被统治者所接受、认同的价值，再到文化多元主义者的通过"承认的政治"——把承认扩展到群体与群体的关系（平行的承认）、统治者与被统治群体的关系（"上"与"下"的交互承认）的内涵变迁。可见，合法性反映的是一种被认可、被赞同的价值，它表明了某一主体具有被承认、被认可、被接受的基础。任何组织或个人如果可获得其他组织或个人的认同，那么就可以说它

---

① 转引自田凯《非协调约束与组织运作——中国慈善组织与政府关系个案研究》，商务印书馆 2004 年版，第 57 页。

② 同上书，第 59 页。

③ ［德］哈贝马斯：《交往与社会进化》，张博树译，重庆出版社 1989 年版，第211 页。

获得了某种意义上的合法性。合法性反映了社会系统的各要素间的关系，而社会系统的稳定在于其内部要素的协调，构建有效的合法性有助于增强协调性，使要素间关系在物质、信息、能量等方面处于和谐的均衡状态。因此有效的合法性关系有利于要素间关系的良性互动。从合法性旨趣出发，可以概括出民间社团组织的合法性关系体现在社会系统内社团组织与其他各要素之间的认同关系。

高丙中对中国社会团体的合法性进行仔细的研究之后，把社会团体组织的合法性分为社会合法性、行政合法性、政治合法性和法律合法性四种类别。其中社会合法性是指这些社团组织因为符合某种社会认可的正当性而赢得一些民众、群体的承认乃至参与。行政合法性指的是一种形式合法性，其基础是官僚体制的程序和惯例，其关键在于某一级行政单位领导对该社团组织的承认。政治合法性是一种实质合法性，该社团组织的存在符合法律的规定和意识形态的要求。法律合法性实质上则是被设计为整合上述三种合法性的核心。① 用韦伯理论来分析这四种形式的划分，我们可以察觉到，虽然合法性的基础包括法律和其他人类社会所有的规范，但是起决定意义的还是法律规范。② 本书沿承前人研究中的承认指标，社团组织的合法性即社会中的主体对民间社团组织的承认和接受，这些主体主要包括：国家、政府部门及其代表人物、各种单位、社会团体以及社会上的个人。各个主体对承认的表达形式是不同的，国家、政府部门及其代表人物的承认表现为对社团开展活动的同意、授权；单位和其他社会团体的承认表现为与社团的合作、提供资源；个人的承认则表现为个人对民间社团的参与。这三种主体所赋予民间社团的合法性是它开展公共活动的基础。

当民间社团的组织权威结构得到承认、支持和服从时，它就具有了合法性；当民间社团的组织权威结构尚未得到承认、支持和服从时，它就不具有合法性。进一步分析承认的主体会发现，承认主体其实来自两个方面，一个是社团内部成员，一个是社团外部成

① 高丙中：《社会团体的合法性问题》，《中国社会科学》2000 年第 2 期。
② 邵华：《合法性问题与社团组织的发展》，《甘肃社会科学》2007 年第 3 期。

员。社团内部成员可以是个体成员，可以是团体成员，社团外部成员即国家、政府部门及其代表人物、各种单位、社会团体以及社会上的个人。社团内部成员对社团权威结构的承认、支持和服从被称为组织内部合法性，社团外部成员对社团权威结构的承认、支持和服从称作组织的外部合法性。而在合法性的多个承认主体中，国家或政府部门的承认显得最为重要，国家对民间组织的认可与否往往通过国家的制度和政策来体现。只有获得了国家的认可，才会有其他的团体和个人的认可和接受。可见对于民间社团组织而言，国家的承认是最为重要的，决定着其能否充分获得合法性。

一　SAMQ 外部合法性的获得

根据承认主体的来源，结合学者高丙中的研究中社会团体合法性的划分，笔者把协会外部合法性的获得分为以下几个方面。

（一）法律合法性的获得

在新制度主义看来，从制度环境因素来看，制度环境的合规性要求越高，或对提高组织技术效率越有帮助，组织就越容易采取被动战略。对于有关社团管理的国家规定性条例，SAMQ 都会极力地遵从，只要国家有相关规定，都会严格按照规定办事。在 SAMQ 看来，法律合法性是获得其他合法性的前提和基础。

　　只要按国家规定办事了，就不会有什么大的问题。我是一个老共产党员，一定要严格地按照国家的规定走，当时在别人的建议下，要成立社团，我就严格按照当时国家相关的规定，需要什么手续，我就努力地照办这些东西，中间也经历了不少周折，但最终还是被批准成立。另外，比如协会有什么大的活动，我都会向上级部门进行申请，像我们召开换届选举会、举办跨省市的 L 项目交流活动或者其他任何有重大社会影响的活动。如果协会有对外交流的活动，我们也会按照相关规定进行。①

---

① 资料来源于对 SAMQ 领导人的访谈。

　　协会的发展是与国家的社会团体管理工作同步进行的。协会成立之时正是社会团体管理工作出现变动之时，可以说协会的发展见证了我国社团管理工作的整个发展阶段。我国的社团管理工作经过了三个阶段[①]：第一个阶段：从 1988 年到 1995 年，属于恢复登记阶段。第二个阶段：从 1996 年到 2001 年，属于规范管理阶段。第三个阶段：从 2002 年到现在，属于稳步发展阶段。每一个阶段的政策都给协会的发展带来了一定的影响，然而也正是协会的积极配合，服从政策的要求，协会走向如今的稳步发展阶段。在每一个阶段，都严格按照制度的规定，去获得合法性。

　　从组织与政府的角度来看，合法性应该是一个双向的过程，如同韦伯所说，政府为了实现有效的统治，需要获得社会成员的服从和拥护，因此，它会采取种种理性化的行动来使统治合法化。在现代社会，政府的合法性资源既不是靠传统、个人魅力所提供，也不是靠政府自己来提供，而是来自广大民众的支持，所以政府合法性是一种公共物品，是由包括各种社团组织在内的社会提供的，因此，社团组织是政府合法性的来源之一。[②] 这也是 SAMQ 一直严格遵守《社会团体登记管理条例》来行事的原因之一，它非常清楚的是：自己拥护政府政策的同时，自己也获得了合法性。

　　　　我们社团组织对政府的政策拥护了，政府会对我们的组织放心，反而会给我们较大的发展空间。你越是跟政府作对，越是发展不起来。所以，必须看清形势，按照国家规定行事就没有问题，从这一点上讲，政府与我们是互惠互利的。[③]

　　20 世纪 90 年代以来，我们国家对民间社团的清理整顿总共有三次。第一次的清理整顿开始于 1990 年 6 月，持续到 1991 年 12

---

　　① 廖明：《中国社会团体发展与管理二十年》（http://forum. home. news. cn/post/viewPostSingle. do？id=89014772）。

　　② 吴湘玲：《公共管理的重要主体：迅猛崛起的第三部门》，《武汉大学学报》（人文科学版）2004 年第 5 期。

　　③ 资料来源于对协会负责人的访谈。

月底。80 年代后期，由于受资产阶级自由化的影响和商品经济大潮的冲击，许多人通过建立社会团体，或传播自由化言论，或开展营利活动。对于社会的混乱现象"中央准备在清理公司的任务完成后……在全国范围内清理整顿社团"①。1990 年 6 月 9 日，国务院办公厅转发了民政部《关于清理整顿社会团体请示》的通知，民间组织当时主要存在四种问题：一是受资产阶级自由化影响，出现了不利于稳定的言行；二是从事以营利为目的的经营活动，倒买倒卖，干扰国家的正常经济活动与经济秩序；三是不经批准非法成立或开展活动；四是向企业和基层摊派，加重基层负担。因此，清理整顿工作将就不同问题给予不同的处理，如对反对四项基本原则、宣传资产阶级自由化等影响恶劣的予以取缔；对违规经营的予以缓登或撤销；对重复设立的予以合并；对擅自活动的命令解散；等等。此次清理整顿工作主要是针对资产阶级自由化和非法牟利组织，重点对象是社会科学和文艺类的社会团体。清理整顿和复查登记工作开始于 1990 年 6 月，要求 1991 年 6 月 30 日之前完成，但实际上延续到 1991 年底。当时全国社会团体有 10 万多个，国家级的 2000 多个。社会团体大部分提交了复查登记申请，根据不同情况，分别给予登记、暂缓登记、合并、不予登记、命令解散或依法取缔等处理。② SAMQ 无疑也是这次清理整顿工作的对象之一，但是协会严格按照上级的规定开展活动，最后获得了 H 市民政局同意登记的批复（见附录 1）。

这次清理整顿过程，对 SAMQ 来说，实际上是经历了从挂靠社团到法人社团的角色转变。一开始 SAMQ 是挂靠在 H 市武术院下面的一个研究会，经过这次重新登记注册，成为具有法人资格的法人社团，也因此具有了法律合法性。实际上，对于 SAMQ 而言，这次的清理整顿将它的发展向前推动了关键的一步。

---

① 崔乃夫：《在全国民政局长座谈会上的讲话（1989 年 12 月 24 日）》，载中国民间组织年志编辑委员会编《中国民间组织年志 1949—2004》（下），中国社会出版社 2005 年版，第 13 页。

② 高丙中、袁瑞军主编：《中国公民社会发展蓝皮书》，北京大学出版社 2008 年版，第 15—41 页。

第二次清理整顿开始于 1996 年，持续到 2000 年初。鉴于民间社团组织发展中出现的问题，民政部决定于 1996 年 6 月到 1997 年底，对社会团体进行第二次清理整顿。1996 年夏，中央政治局常委召开会议，对社会团体和民办非企业单位管理工作进行了专题研究。会后，中共中央办公厅和国务院办公厅下发了《关于加强社会团体和民办非企业单位管理工作的通知》（中办发〔1996〕22 号，以下简称"22 号文件"），对民间组织的管理体制、管理内容、管理措施等带有方向性、根本性的问题做了明确规定。"22 号文件"精神就是"严格把关、从严审批"，强化业务主管单位的领导责任制。即"要实行挂靠单位、业务主管部门与登记管理机关双重负责的管理体制。挂靠单位和业务主管部门对所属社会团体和民办非企业单位的申请登记、思想政治工作、党的建设、财务活动、人事管理、召开研讨会和对外交往等重要活动安排、接受资助等事项负有领导责任，在这方面出了问题由挂靠单位和业务主管部门负责"①。1997 年 4 月，国务院转发了民政部《关于清理整顿社会团体的通知》，5 月，民政部又下发《关于查处非法社团的通知》，此后，民间组织管理进入清理整顿力度最大的时期。② 这次整顿与 90 年代初的整顿不同的是：将民间组织管理工作与政权稳定的关系提到前所未有的高度，清理整顿的对象主要是受西方敌对势力支持操纵，并破坏政治、社会稳定的社会团体和民间非营利组织。③ 清理整顿期间，要求全部社会团体重新登记换证，原则上停止或明显放慢新建社会团体的审批登记工作；全部工作分为社团组织自查、业务主管单位初审、登记机关审定和换发证书三阶段，起初计划 1998 年底，

---

① 多吉才让：《统一思想，提高认识，加强社会团体和民办非企业单位管理工作——在全国民政厅长社会团体和民办非企业单位管理工作座谈会上的讲话（1996 年 9 月 23 日）》，载中国民间组织年志编辑委员会编《中国民间组织年志 1949—2004》（下），中国社会出版社 2005 年版，第 17 页。

② 1996 年 8 月 28 日《中共中央办公厅、国务院办公厅关于加强社会团体和民办非企业单位管理工作的通知》；1997 年 4 月 8 日《国务院办公厅转发民政部关于清理整顿社会团体意见的通知》；1997 年 5 月 14 日民政部《关于查处非法社团的通知》。

③ 高丙中、袁瑞军主编：《中国公民社会发展蓝皮书》，北京大学出版社 2008 年版，第 36 页。

业务主管机构完成初审，1998 年 12 月底，民政部门完成审定。但实际上未能如期完成，后又将全国性社团的业务主管单位的初审工作完成时间延长到 1999 年 7 月 31 日前。[①]

1996 年起，针对社会团体发展中出现的问题，中共中央和国务院要求尽快对《社会团体登记管理条例》进行修订，进一步对社会团体的定义、登记条件及程序、登记管理机关和业务主管单位各自职责等做出规定。修订后的新《社会团体登记管理条例》在 1998 年 10 月颁布，明显地体现出加强管理的倾向，除了较 1989 年《社会团体登记管理条例》新增了"罚则"一章之外，还进一步强化了双重行政性管理体制，提高了社会团体的登记资格，对社会团体内部事务的管理规定更加细致。在第二次清理整顿接近尾声的时候，民政部在 1999 年 7 月做出取缔"法轮大法"研究会的决定。10 月 14 日，中央常委再次开会对民间组织管理工作进行专题研究，中共中央办公厅、国务院办公厅再次联合下发《关于进一步加强民间组织管理工作的通知》（〔1999〕34 号，以下简称"34 号文件"）。为贯彻落实"34 号文件"，12 月上旬，民政部召开加强民间组织管理工作会议，部长强调了加强民间组织管理工作的"极端重要性"，要求进一步加大管理力度，在 2000 年 1 月完成清理整顿的收尾工作，并对气功社团进行专项整理。[②] 4 月民政部又出台了《取缔非法社团办法》。开始正常登记后，"要按照控制总量、调整结构、注重质量的要求"，对新成立的社团从严把关。至此，从 1996 年下半年开始的清理整顿，持续了三年多，直到 2000 年初才完成。[③]

这个阶段对 SAMQ 协会来说，最为重要的就是"法轮大法"研究会的被取缔。SAMQ 协会作为一个健身组织，难免会让群众联想，会不会利用健身想要达到什么目的。然而，由于 SAMQ 一直是在宪

---

① 1999 年 6 月民政部《关于清理整顿审定工作有关问题》，民政部社会组织网站"法律法规"。

② 中国民间组织年志编辑委员会编：《中国民间组织年志 1949—2004》（下），中国社会出版社 2005 年版，第 28 页。

③ 《民政部关于妥善处理未获重新登记社会团体有关问题的通知（2000 年 12 月 23 日）》，中国民间组织年志编辑委员会编：《中国民间组织年志 1949—2004》（下），中国社会出版社 2005 年版，第 402 页。

法和法律规定的范围内活动，并且是科学的健身组织，这次的清理整顿工作不但没有对协会造成重大影响，反而进一步促进了协会的发展。正像当时的民政管理局局长所言："我们建设的是社会主义法治国家，任何社会团体或组织都应在宪法和法律规定的范围内活动。正常的练功健身活动只要符合法律、法规和有关规定，是允许的，不会被禁止。"① 协会一直遵循的原则是：一切活动都在制度框架内进行，使得协会的合法性再一次得以稳固。

> 　　当时，我们协会本身已经成立十年了，我们所进行的 L 项目活动也是经过国家的专门机构评审过的健身项目，并且我们的日常活动都是按照国家的规定在进行，所以，这次的清理整顿没有对我们造成什么影响，反而衬托出我们组织活动的正当性。②

第三次清理整顿于 2000 年中期进行，主要是小范围地对气功类社团的专项清理。此后的 2001 年，中宣部办公厅与民政部办公厅联合发布了《关于加强对民间组织宣传报道管理的通知》，要求一方面要防止假冒社团名义骗取新闻报道的问题，另一方面也要对社团的宣传报道实行严格的报批制度等，仍体现出强化管理的倾向。但是，这次清理整顿并没有给协会造成很大的影响，强化管理对协会没有什么威胁，这也是协会一直遵从的原则：严格按照国家规定办事。

协会经历了三次清理整顿活动，在这个过程中，协会严格遵照《社会团体登记管理条例》进行重新登记注册，经过多重考验，SAMQ 协会的发展不但没有受到负面的影响，反而促进了 SAMQ 协会的逐步发展，进而获得了充分的法律合法性。

（二）政治合法性的获得

政治合法性是一种实质合法性，它涉及的是社团内在的方面，

---

① http://web.peopledaily.com.cn/haiwai/199907/24/newfiles/B107.html.
② 资料来源于对协会负责人的访谈。

如社团的宗旨、社团活动的意图和意义；它表明某一社团或社团活动符合某种政治规范，即"政治上正确"，因而判定是可以接受的，社团可能订立自己的宗旨，并在开展活动的过程中阐发活动的意义，这些表达如果被接受，尤其是被党委系统接受，社团就由此获得了某种合法性。政治合法性对于社团的存在和发展都是至关重要的，在中国的公共空间的任何事物都要首先解决政治合法性问题。①

SAMQ 协会在确定宗旨的时候就强烈地表明自己协会的政治取向，"坚持四项基本原则……为社会主义'两个文明'建设做出贡献"，"进一步贯彻科学发展观、推进社会主义和谐社会"，"进一步繁荣市场经济，更好地为妇女姐妹们健身服务"。在主要任务里有一条是"宣传贯彻党的体育方针政策"，"维护安定团结的政治局面，集中精力推进改革开放和社会主义现代化建设"。这些都表明协会与国家的意识形态和国家推崇的价值是一致的，与国家的政策目标是一致的，通过这种"自觉地使自己兼具一种国家政治单元的功能，负起一定的政治责任"②的努力，使其获得了坚实的政治合法性基础。

尤其在清理整顿的关键时刻，在民政部关于取缔"法轮大法"研究会的决定和公安部的布告发布后，SAMQ 协会紧急出台了一个章程性的文件《遵纪守法，科学健身》，在这个文件中提出协会坚持的三条守则：第一，依法注册、按章活动是首要守则。有任何重大活动都报经市体育局等有关部门批准，还配合党中央和市政府的中心工作开展了一系列健身大型宣传活动如"亚运之火"、火炬接力仪式上的 L 项目表演、第八届全运会上的大型团体操表演和数届国际武术博览会的 L 项目专场表演等。在近几年的市运会和许多健身宣传活动中，都可以看到协会组织的大型表演队伍。第二，倡导科学练拳、抵制封建迷信。协会不夸大和深化 L 项目的作用，有病及时医治，身体条件许可时，辅以练拳以巩固治疗效果和增强体质。第三，提倡互助友爱、共建精神文明。……我们一定要以总书

---

① 高丙中：《社会团体的合法性问题》，《中国社会科学》2000 年第 2 期。
② 高丙中：《社会团体的兴起及其合法性问题》，载《处于十字路口的中国社团》，天津人民出版社 2001 年版，第 75—92 页。

记"三个代表"的重要思想为指导，更好地团结和带领协会人员深入学习党的方针政策和国家的法律法令，增强法制观念、组织纪律观念、政治敏感性……①

SAMQ 协会通过这样的积极回应国家政策规定的方式，进一步增强了组织的政治合法性基础。

（三）社会合法性的获得

社会合法性主要有三种基础：一是地方传统，二是当地的共同利益，三是有共识的规则或道理。② 协会积极倡导科学健身的理念，"L 项目不仅仅局限于健身，还可以健美，日本的 L 项目爱好者把它称为'东方美的象征'、'唐代宫廷秘拳'、'敦煌飞天之术'，它还是一种健康而又时尚的精神力量，正在为提高中国女性的生活质量发挥着巨大的作用。它能够使人们领悟到生命的真谛和乐趣"。协会这样的理念正符合现代女性的求美求健康的心理，所以很容易获得公众的认可。各种各样的报纸杂志中的中华武术 L 项目相关文章所传达出来的健康、健美、和谐的理念，也为协会的社会合法性提供了基础。

　　　L 项目撑起女性健美一片天；永远的 ML（中国古代巾帼英雄人物的名字）精神；健康也是一种美丽；L 项目，舞动 H 风情；健身、健美、健心。

协会的"情系东亚运，捐款献爱心"活动，抗击"非典"的活动中的捐款，"情系特奥，奉献社会"慈善活动中的捐款，汶川大地震情系灾区募捐活动，奥运会火炬手圣火奉献关爱捐款活动，在帮困活动中结对帮助贫困学生 CMH，为他缴付每年两次的学杂费用等一系列活动无不传达着协会关爱社会、关爱他人的理念。这些象征性的东西，看似对组织的健身目标——发展推广中华武术 L 项目的目标没有很大的帮助，实际上开展这些活动的目的在

---

① 资料来源于 H 市 L 项目协会的《L 项目守则》。

② 高丙中：《社会团体的合法性问题》，《中国社会科学》2000 年第 2 期。

于通过这些活动提高其社会地位和社会认可，从而为它的生存发展创造良好的外部环境。这些活动的开展也是获取社会合法性的有效途径。

结合具体的社会环境开展各种各样的活动，"其实也是向社会展示我们协会风采的：巾帼 ML 与奥运同行，L 项目万人大会操；玉兰芬芳——H 市女性体育团队迎奥运、迎世博展示暨优秀女性文体工作者进社区活动启动仪式展示；NJ 路步行街风雨同舟、共迎奥运，让爱与圣火同行展示活动；参加 JA 区健康迎奥运，和谐展风采奥运倒计时 100 天活动；参加国家八运会开幕式展示活动；多次举行迎'三八'NJ 路 L 项目大会操；体育进社区，科学健身下村镇等活动；H 市全民健身节闭幕式活动展示；等等"。

协会所开展的活动，是经过国家权威部门认可的，"为了提高活动的规范性、可比性、科学性、广泛性，协会在六套长套拳的基础上简化了六套简化比赛套路和三套规定套路即二十八式拳、三十八式扇、四十八式剑，并分别在 1995 年 6 月、1998 年 4 月在全国武术专家评审会上正式通过，并以 96 号、127 号文件发送到全国各省、市体育局"①。

以上这些结合具体的情境所进行的行动，都是为获得社会的认可所做的努力，也为协会的社会合法性的获得奠定了基础。

（四）行政合法性的获得

民间社团组织的行政合法性是一种形式合法性，其基础是官僚体制的程序和惯例，其获得形式是多种多样的，大致有机构文书、领导人的同意、机构的符号（如名称、标志）和仪式（如授予的锦旗）等。②

协会在各种活动中，表现突出，获得了各种各样的荣誉。

　　被评为 2003—2007 年 JA 区群众体育先进集体；被评为 2002—2006 年 H 市群众体育先进单位；被 H 市总工会评为 H

---

① 资料来源于中华武术 L 项目（1988—2008），H 市 SAMQ 编。
② 高丙中：《社会团体的合法性问题》，《中国社会科学》2000 年第 2 期。

市女职工创业示范点；被评为 2006—2007 年 H 市先进体育社团；H 市妇女工作优秀品牌项目；H 市妇女工作的十大（品牌）项目之一；最受群众喜爱的十大健身运动之一。①

　　我们每次开展重大活动都会提前申请，严格按照《社会团体登记管理条例》中规定的重大活动申请审批制度，报上级主管部门批准之后再进行。在这一点上，我们绝对不会疏忽，领导不同意，我们开展活动有什么意思，不但起不到好作用，反起坏作用对吧。②

　　在协会看来，领导人同意是首要的，领导人不同意的情况下开展的活动，会给协会的发展造成阻碍。因此，协会的各种各样的活动，都是严格按照国家的规定进行。也正是在这样的环境下，协会取得了蓬勃发展，在协会迎来成立周年庆典上，领导人纷纷给予肯定和赞扬。国家体育总局、武术管理中心主任 WXL 为协会的题词：迎奥运盛世，展 L 项目风采。H 市妇女联合会党组书记、主席 ZLL 为协会成立 20 周年题词：ML 飘香二十载，东方女性展风采。H 市体育局党委书记、局长 YC 为协会题词：木秀于林二十年风吹不倒，兰馨在圃七千天雨打更新。原国家体育总局局长 WSZ 为协会成立十周年题词：全民一起来健身，妇女撑起半边天。原 H 市委副书记、副市长、市人大主任 GXP 为协会 20 周年题词：似拳似舞，展今日 ML（古代巾帼英雄——笔者注）之风采。中国武术协会主席、中国武术院院长、国际武术联合会主席 XC 在协会成立十周年时题词：钻习 ML，争做巾帼。原中国武术协会主席、中国武术院院长 ZYT 为协会成立 20 周年题词：发展 L 项目，为全民健身服务。原 H 市妇女联合会主席 MYK 为协会成立十周年题词：似拳似舞，展今日 ML 之风采，亦刚亦柔，扬中华武术之精华。原 H 市体委主任、时任 H 市老体协主席 JYC 为协会成立 20 周年题词：耕耘繁衍，硕果满地、不断创新、香飘四海。③

---

① 资料来源于中华武术 L 项目 1988—2008，H 市 SAMQ 编。
② 资料来源于对协会负责人的访谈。
③ 资料来源于中华武术 L 项目 1988—2008，SAMQ 编。

虽然协会获得了各个领导人的赞扬，也获得了各种各样的荣誉，但也正是在这个行政合法性的问题上，一直是协会进一步发展壮大的障碍。从协会的辅导站所分布的区域来看，有些行政区辅导站数目比较多，有些行政区辅导站就比较少。另外，笔者在对基层辅导站站长进行访谈的过程中，发现有些区域的活动开展得非常好，政府领导、街道等都非常支持，有些区域开展活动就非常困难，其中原因他们如是说：

> 我们找场地找得那么困难，其实这跟主管这方面的领导是有关系的，领导喜欢我们这个协会的中华武术 L 项目的话，自然就开展得比较顺利，领导不喜欢么，就很难了……（举例说，哪些区好开展活动一些——笔者注）。我们协会的领导人也知道这些事情，她还建议我是不是能跟区里主管这方面的领导沟通一下，便于活动的开展。说实话，我怎么跟人家沟通啊，根本说不上话的。①

这实际上表明协会的行政合法性基础并不是十分雄厚，虽然协会一直在努力行动中。但是再进一步分析的话，这里的行政合法性的不足实际上并不是社团组织层面的行政合法性不足，而是社团活动层面的行政合法性不足，SAMQ 组织的合法性从一开始登记注册，就从业务主管单位和民政部门那里一次性地获得了组织的行政合法性，然而在开展活动的过程中出现的问题其实是活动的行政合法性问题，因为社团的活动空间不是铁板一块儿，而是跨区域的，所以活动的合法性有区域之间的差别。开展活动就要不断地与各个区域打交道，努力赢得有关领导的认可乃至支持。② 总之，协会的行政合法性的充分获得也因协会活动的行政合法性不足而需不断努力。

---

① 资料来源于对协会某基层负责人 ZB1 的访谈。
② 转引自高丙中《社会团体的兴起及其合法性问题》，载中国青少年发展基金会《处于十字路口的中国社团》，天津人民出版社 2001 年版，第 75—92 页。

二　SAMQ 内部合法性的稳固

社团内部合法性实际上就是组织理性中相关"规则"嵌入组织成员的个人理性的程度，嵌入越深入、越普遍、越持久，社团组织内部的合法性基础就越牢固，反之则越薄弱。社团的理性与社团内部成员的理性的一致性关联就成了社团内部合法性的源泉[1]，简单地说就是在会员认同组织的情况下，社团的内部合法性就存在了。

组织认同是一种特殊的社会认同，它指的是由于组织本身的吸引即社会吸引导致的组织凝聚，而不是以组织成员之间的个人特性的相似、相互依赖或交换而形成的人际吸引导致的组织凝聚。[2] 形成组织认同即形成"我们感"是民间社团组织的基础，意味着个体将自己归属于群体，自我认定是组织中的一员。在这种意识的推动下，组织会员风雨同舟为了组织的发展而贡献自己的力量。笔者也正是在这个层面上讲民间社团组织的认同，主要指的是对组织目标和价值观的认同，愿意为组织利益贡献自己的力量，为自己作为组织的一员而感到高兴。

社团的内部合法性如果解决不好，社团内部成员的凝聚力就会减弱，归属感自然也不强，那么组织就面临着人心涣散，组织最初的目标也难以实现。虽然组织社会学者认为，当组织仅仅发生内部合法性而没有发生外部合法性时，组织仍可以生存和发展，只要社团不断创新就能改善社团的内部合法性问题，然而，从功能主义的角度来看，自下而上的民间社团组织的社会功能根源于公民自治，是公民实现自我意愿、满足自我需求的产物[3]，如果社团的内部合法性解决不好，其社会功能也无法得以实现，也就失去了社团的意

---

① 赵孟营：《组织合法性：在组织理性与事实的社会组织之间》，《北京师范大学学报》（社会科学版）2005 年第 2 期。

② 转引自郭于华、杨宜音、应星《社会认同与事业共同体：中国青基会组织凝聚力研究》，载中国青少年发展基金会《处于十字路口的中国社团》，天津人民出版社 2001 年版，第 144—159 页。

③ 王名：《中国民间组织 30 年》，社会科学文献出版社 2008 年版，第 189—225 页。

义。这种自主建构的民间社团，内部合法性解决好的话，组织成员参与的积极性会更高，归属感会更强烈，凝聚力会更强大，这本身也是组织生存发展必不可少的一大资源基础，社会成员的需求，强大的民间基础本身就是社团组织生存与发展的一种推进器和获得行政"特许证"的直接理由。因此，社团内部的合法性是民间社团组织面临的一个重要的问题。

（一）SAMQ 会员对组织的认同状况

SAMQ 是自下而上成立的，基于自由行为而产生的互益需求，大家都是为了更好地健身，组织成立的目的比较直接、单一。对于社团内部来讲，一开始社团的组织目标就是由各个组织成员的个人目标汇聚起来的，或者说是从个人目标"跃迁"到社团目标的，即利用 L 项目达到健身的目的，让更多的人知道这种健身方式，很显然最初的社团目标与一开始就加入社团的组织成员的个人目标有着高度的一致性。从这个意义上来讲，一开始协会的权威结构本身就是组织成员协商之后达成共识的结果。它既是最大限度地服从社团组织理性的，也可以最大限度地满足社团成员的个人理性，必然会得到参与创建它的组织成员的高度承认、支持和服从，民间社团的这种自发建构的社会组织创建开始就具有强大的内部合法性。

通过访谈发现，随着社团的发展，SAMQ 会员对组织的认同出现了分化，主要分两种：一种是组织认同，一种是组织反认同。①组织认同指的是觉得这个协会给自己带来了很大的好处，自己甘愿成为其中的一员，并接受组织的目标，非常认同这样的组织形式，会积极为社团组织的发展贡献自己的力量，把自己看作与组织具有高度同一性的一员。组织反认同的那部分群体，有些会员会觉得只要达到自己健身的目的就行了，其他的东西跟自己没有关系，基本上是也想练这套拳，也觉得这样的民间组织很不容易，但就是隐隐约约觉得会有更好的组织可以参与。

---

① 马力等：《通过法则关系区分员工对组织的认同与反认同》，《心理学报》2011年第 3 期。

1. 组织认同

SAMQ 协会中的部分成员不但喜欢协会的核心项目，而且为自己是组织中的一员而感到自豪，并且会把自己所参与的组织介绍给别人，对于在外人看来不理解的事情，基本的理由就是为了协会组织的发展。

> 我是较早加入协会的那一批人员，当时我们已经练这个拳练了好久了，觉得挺好的，内心也很自豪的，学了个跟别人不一样的健身项目，内心也是希望别人都能够喜欢，能够支持我们自己的，当时说要成立协会，然后推广和发展这个健身项目，我们都是很赞同的，觉得这样的方式挺好的，有组织就好了，对我们自己没什么坏处，还让更多的人获得益处。①
>
> 练拳的间歇，一个阿姨跑过来说："要想练好 L 项目，就必须学我们这里的 L 项目，不学我们这里的都是傻瓜，我们这里的就是好，你看我们团队多好啊（竖起了大拇指）。"②
>
> 社团开始成立的时候，大家都是想健身，所以大家都是很积极的，很支持组织的工作，这一点上，组织的发展，我要感谢我的姐妹们，是她们给予我莫大的支持，是她们对健身的渴望，对 L 项目的需求，给予我信心，使得我不断地创新，才有社团不断的发展。还有就是，非常感谢我们姐妹们的家属们，他们都是非常支持的。因为他们觉得，L 项目给他们的家庭带来了健康，带来了欢声笑语，健康的同时也就带来了快乐。③

访谈中，情况是这样的：

> 您一开始加入社团的时候，是出于什么样的想法？是喜欢这个项目呢，还是喜欢这样的团队呢？

---

① 资料来源于对 BS 某辅导站的访谈。
② 资料来源于对 YP 公园辅导站会员 YP3 的访谈。
③ 资料来源于对 SAMQ 领导人的访谈。

YP2①：刚开始加入的时候，就是看到好多人在练这个拳，觉得音乐很好听，动作也很优美，还有就是听他们说，的确对身体挺好的，看着大家一起有说有笑的，感觉挺好的，你说退休了，一个人在家里，有什么意思啊，孩子嘛都工作了，剩下老伴两个人嘛，也没什么意思啊，在家里，你看看我，我看看你，也没什么好聊的，都说了一辈子话了，还有什么好说的，看着这里大家一起打打拳，健健身，大家之间有什么事情还会互相帮帮忙，有什么不开心的，互相开导开导，都挺好的呀，这样的团队我很喜欢，所以当时开始是跟着学拳，后来知道大家都是协会的，我就也自愿加入进来的。加入团队之后呢，我感觉我自己就不单纯是喜欢 L 项目了，别人问我晨练什么的时候，我会自觉地告诉别人，我是 SAMQ 的，并且别人说我们协会好的时候，心里面会很高兴的。

那加入团队需要什么条件吗？

YP1：没什么啊，就是由别的会员介绍，个人提出申请，就可以了，按时缴纳会费。会费嘛，又不多的，本来这就是民间团体，没什么经费的，所以，自己交点会费还是可以接受的啊，为了自己的健康嘛，反正感觉挺好的。

当问起学这个拳的时候，要买一些服装和道具，要给教拳的人一定的费用的时候，大部分人的回答是："花钱买健康啊，你要想啊，生了病，吃药住院得花多少钱啊，这点钱算什么啊，根本不算什么的，不管怎么说都是为了自己的身体。人家教拳的人那么辛苦，给点辛苦费是应该的。另外，民间社团嘛，本来就是自愿的组织，上面他们（协会里）也没什么钱的，稍微一活动，都要经费的，他们收的那些会费也是为了组织的发展。"

当这样的问题：你觉得平常的话，社团里有什么活动，你会积极参加吗？问出之后，大部分会员的回答是，很愿意啊，为协会贡献自己的力量，感觉挺好的啊。SAMQ 平常活动的进行，都是要靠

---

① 资料来源于对 YP 公园辅导站中的会员 YP2 的访谈。

每个辅导站的负责人的，那么辅导员或者站长的情况是什么样的呢？笔者访谈了 YP、BS、ZB 等几个区的几个辅导站站长。

　　　　BS1、ZB1、YP1①：我们这个团队还是蛮好的，平常嘛，大家会有一些小麻烦，但是总体上来说，大家还是不错的，都很为自己的团队感到高兴。在平常活动中呢，会碰见一些活动经费的问题，实在争取不到，我会愿意自己掏腰包的；过节的时候，为了大家高高兴兴的，会组织一些活动，会员们出一部分，自己出一部分；还有比如春天的时候，会组织大家春游啊，出去就要租车等费用，这都是为了我们组织的团结，大家也很拥护组织的活动。另外呢，协会里面要举行什么大型比赛了，要求多少人参赛都没问题的，大家都会很踊跃地报名参加，还会认真积极地参加排练，即使最后没上场，也没什么怨言，当自己的团队获奖的时候，那个时候是最最快乐的时候，一切不愉快全都抛在脑后了。反正大家对协会都还是蛮支持的。早上我们活动的时候，比如在公园里，早上落下来很多叶子，大家来的第一件事就是争先恐后地拿扫把，清扫场地，去拿录音机，活动之前的准备工作大家都很乐意。另外，就是谢谢你这么关注我们的组织，关注我们自己的健身项目，我们真的很高兴。

　　从他们的话语中能看出来，他们为自己作为协会的一员感到很满意，也很高兴别的人群来关注他们的组织。这说明他们具有强烈的组织认同感，有一种强烈的意识就是组织是"我们"的，受到别人的关注，"我们"自己也很高兴。也意味着对这部分人来讲，协会组织的内部合法性实现了。

　　2. 组织反认同

　　然而，随着社团的发展，组织成员一方面是社团内部的成员，另一方面又是社会这个大环境中的成员，社会环境在不断变化，健

---

　　① BS1、ZB1、YP1 分别代表 BS 区、ZB 区、YP 区的某辅导站站长。

身项目的替代性选择不断涌现，社团内部成员对组织的权威结构会随之产生怀疑，组织的内部合法性就会面临危机。同时，社团作为一个自由开放的系统，会不断吸引新的成员加入组织，加入社团的新成员的个人理性中必然带着鲜明的组织外社会环境中的经验基础，甚至带着之前他所参与的社会团体的组织理性，如果本社团的组织理性与新成员自己原来的社会经验基础差别较大的话，新成员必然同样会对组织的权威结构产生怀疑。当社团组织的某些方面与其自我认知之间存在冲突的时候，即使自己是组织的一员，且对组织的某些方面有高度认同，也不影响他在某些方面对组织存在着反认同。

> 这个社团怎么说呢，它这个项目是挺好的，但是要花钱买道具啊，衣服啊，挺不好的，我不是很赞同这点做法……①
>
> 平常参加活动，协会里也没什么经费给我们的，有时候看着社区里别的团队，人家参加了活动，回来之后发的旅行包啊，钱啊，我们会想啊，为什么啊，大家都是辛辛苦苦的，人家会有那么多的回报，我们什么都没有呢，当然有时候，会长有点余钱了，会给我们下面辅导站一些，但是只是放在辅导站里做经费用。②
>
> 我们只是为了健身，无所谓的，想来这里嘛，就练这个，不想练这个嘛，可以练其他的啊，没什么的，现在可选的项目这么多，反正我们只是为了健身，也没有什么大的想法为协会着想，那都是上面（协会总部）人的事情，跟我们没什么关系的，我们只要身体好了就行了。③

这部分人的认同呈现出反认同，他们并没有为自己作为组织的一员而感到自豪，也不是十分认同社团的这种民间性质，他们也不把"花钱买健康"作为自己参与组织的一个理念。另外，他们觉得

---

① 资料来源于对 ZB 辅导站某会员的访谈。
② 资料来源于对 BS 辅导站某会员的访谈。
③ 资料来源于对 YP 辅导站某会员的访谈。

自己健身的同时也付出了辛苦，应该得到回报，但是作为民间社团组织的 SAMQ 显然不能够满足这一点。他们的参与某种程度上只是因为协会的核心项目中华武术 L 项目的健身功能，组织对他们来讲并没有很强大的吸引力。

3. 对组织的认同呈现"差序格局"状态

"差序格局"一词是费孝通先生提出的，旨在描述亲疏远近的人际格局，如同水面上泛开的涟漪一般，延伸开去，一圈一圈，按离自己距离的远近来划分亲疏。这里借用来描述组织成员对组织认同的状况。从以上资料来看，会员对协会的组织认同是基本存在的，但是，从分析认同状况的群体特征可以发现，对社团的认同程度与他们在组织中的位置相关：处于协会底层的人，他们对于组织的认同就没有那么强烈；而处于组织结构节点上的那些人认同感就强烈一些，并且所在的位置离组织核心越近，认同的强度就越高，即以协会的上层干部为核心，向外到协会的中层干部（区长）、辅导站一级的干部、协会的会员，这样依次向外排开，对组织认同的程度是由强到弱而递减的。协会中的成员依据自己与组织中心的距离的远近、利害关系而决定自己对组织的依附程度。最基层的会员，尤其是新加入的会员就更容易出现组织反认同情况。

为什么这样一个民间社团组织会出现这样的情况？从 SAMQ 发起到成立的过程看，这个组织实际上"是依赖具有非凡品质的精英个体的引领与普通个体的追随、效忠相结合而构成的，所结合的原则在相当程度上则是依据中国古代伦理所构成的差序关系"①。协会的负责人是组织的核心人物，协会成员对组织的认同也正是以她为中心而逐渐减弱，或者说对组织的情感逐渐减弱。最初，协会负责人创编"中华武术 L 项目"，她优美的肢体动作和美好的心灵吸引了大批女性朋友的追随。后来，L 项目的合法化（得到国家体育部门的承认以及高等院校和医院证明对身体的好处），再到后来项目的不断推陈出新，以及协会遭遇各种阻力到不断壮大获得各种荣

---

①　张江华：《卡里斯玛、公共性与中国社会——有关差序格局的再思考》，《社会》2010 年第 5 期。

誉，负责人身上散发的成功女性的魅力，又成功地吸引着每位会员。越靠近协会组织核心的成员，跟随负责人和组织的时间越长，见证组织发展和项目发展的时间越长，愿意"追随和效忠"的程度也越强。

实际上，在笔者调研的过程中，每走到一个基层辅导站，只要提起协会负责人的名字，会员们都会非常的兴奋，从他们的眼神中也能看出他们对协会负责人的那种崇拜和喜爱。从这个层面上讲，这个组织的合法性基础可能更多的是"卡里斯玛型的基础——对个人和个人所启示或制定的规范模式或秩序的超凡神圣性、英雄气质或非凡品质的献身"①。

当问及为什么当时跟着协会负责人学 L 项目时，会员们说："不为什么，就觉得很美，当时公园里她是独一家，音乐和动作都很美，我们就想模仿，后来熟识之后，我们更佩服她了。我当时 47 岁，今年 72 岁，整整练了 25 年了。后来，她成立协会，协会遭遇的一次次挫折，她都应付过来了，真的是太厉害了。"② L 项目不但在 H 市、在国内受到欢迎，甚至作为中国民族文化漂洋过海传至国外，协会负责人应邀到多国进行交流讲学活动，以 L 项目为媒介，中国妇女以新世纪的形象展现在世人面前。

协会负责人所荣获的荣誉有：H 市师范大学体育系兼职教授；作为全国体育先进个人受党和国家领导人江泽民主席接见；首届陈香梅巾帼创新奖；JA 区 2001—2003 年先进工作者；2005 年度"H 市十年来最有影响的女性人物"；被光荣地推荐为 2008 年奥运会火炬手；光荣参加全国第十届妇女代表大会；被评为群众最喜欢的社会体育指导员，由国家体育总局颁发证书；荣获 JA 区优秀人才贡献奖，被评为优秀领军人物。

协会的负责人因人们确信其有启示、个人魅力、超凡品质而受到协会成员们的服从。协会成员对组织的认同是建立在对具有出色感召力的协会负责人的拥戴和信仰的基础上的。据笔者观察，协会

---

① 杨善华等主编：《西方社会学理论》，北京大学出版社 2005 年版，第 194—196 页。

② 资料来源于对 BS 辅导站的 Q 老师的访谈。

组织的负责人是一个典型的个人魅力型人物，她在人格力量上或个人才能上均具有非凡的、超人的特征，使她不同凡响，具有特殊的吸引力和感召力。她的追随者们也有拥戴和服从这种领袖人物的需要，这种心理需要使她们表现出对协会负责人的狂热崇拜和盲目服从。正是这样的卡里斯玛气质，将协会的成员紧密地连接在一起。另外，协会的基层干部往往是直接接受过协会负责人的传授的，这种个人魅力更容易让他们将自己与组织关联起来建立自己的身份。比如 L 项目的第×代传人等，这种关联所建立的身份提高了他们的荣誉感和自豪感，更愿意为组织贡献自己的智慧和力量，提升组织形象，促进组织发展。

（二）协会为获取内部合法性采取的策略

1. 通过外部合法性的获得巩固内部合法性的基础

一般来讲，如果会员自己所参加的组织，是个在外人看来"正当"的组织，是个外部合法性充分的组织的话，就会增加会员对自己所在组织的认同；反之，如果自己所在的团队被外部各界认为是合法性不足的组织，会降低会员对自己所在组织的认同。所以，不惜一切努力地获得协会的外部合法性，是增加内部合法性的一个强有力的手段。

> 作为协会的领导人，组织队伍这么庞大，我不可能跟每个会员都面对面，外边的事情很多，外边的事情应付好了，对组织的发展很有用的。但是我也不是高高在上的，在协会里，只是分工不同而已，我跟他们是平等的，我们平常都很好的。但是作为协会的领军人物，我会通过每月一次的会议，向基层的负责人分享协会所取得的成绩，让他们把这种组织的荣耀感传达给所有的会员。或者通过组织活动的形式，让所有会员一起分享组织所取得的成就。①

通过这样的方式，一方面维系了组织与组织成员之间的关系，

---

① 资料来源于对协会负责人的访谈。

增强了组织成员的归属感；另一方面让成员感受到了组织的管理过程、组织的文化、组织的荣誉以及组织领导人的魅力，从而增强组织成员的优越感、荣耀感。

2. 开展多种活动，丰富会员生活

协会在组织开展 L 项目运动的同时，提倡高雅文化艺术，还在协会内部组织成立了歌唱队、时装表演队、腰鼓队、舞蹈队，定期开展活动，进一步丰富了广大会员的业余文化娱乐生活，深受广大会员的欢迎。协会所辖的辅导站里也提倡这样的活动，通过这样的途径提高会员对组织的认同和归属感。但是一切活动的前提是要在制度规定的范围之内，违反制度规定、危害社会团结、稳定、和谐的事情坚决不做。

> 我们平常每天早上第一件事情就是打我们的拳，我们的几个套路结束了之后，我们会学点别的东西，这个是允许的，丰富一下我们自己的生活。因为，你想啊，成天吃红烧肉，也有烦的一天，对吧（笑）。但是绝对不能偏离我们的主要活动项目，不能喧宾夺主。①

通过这样的活动，让会员们从社团中获得了更多的乐趣，使得他们对社团产生了更多的依赖和归属感。

3. 以退为进的管理方式

协会是民间社团组织，民间社团组织就意味着是自愿的，会员有加入组织的自由，也有退出组织的自由，过于强制的方式，往往会使得组织缺乏生机，同时也造成会员对组织的认同感逐渐降低，以致组织的内部合法性也渐渐丧失。

> 外部环境的变化，健身项目的增多，一些会员选择到外边去参加其他团队，我们都是可以理解的，走了可以，我们没有责备，如果到外边感觉没有我们这个团队好的话，可以再回

---

① 资料来源于对 ZB 公园辅导站站长的访谈。

来，都没有关系的，我们还是会热烈欢迎的。然而，据我们的观察，到外边再回来的人，往往会更加觉得我们组织的好，会更喜欢我们的组织，我们团队里之前有一些这样的人呢。①

因为我们协会的这种健身的性质，造成的不可能每个会员都跑到协会办公的地方汇集锻炼，我们选择了辅导站的形式，就近找场所，这些分布在社区、学校、企业等的辅导站，往往可能会因为行政区划中领导人喜好的变化，而选择其他的项目，我们都没有什么好说的，这是自由，只要会员们愿意，还有一些团体会员，比如说单位工会，工会领导原来喜欢我们这个拳，现在呢又喜欢太极拳了，不练我们这个了，我们还能说你非得练吗？肯定不行的，我们就是自愿的，当他们再需要我们的时候，我们还是会积极地接受他们的。②

4. 加强自我教育，多一些沟通，少一些猜疑

协会特别注重会员的自我教育，处理好协会会员与协会外部环境的关系，教育会员们自觉抵制各种不良思想影响，正确处理来自社会上的一些不正当竞争在群众中造成的分裂和不良影响，注意多沟通，少猜疑。帮助不明真相的会员分清是非，对外界的不良言论，要有气质，有度量，相信政府，相信制度会主持公道。

同时，还要处理好协会内部会员与干部之间的关系，加强内部的组织纪律观念，因为协会的会员基本是女同志，女同志的特点就是善于交流，善于沟通，协会为了充分发挥这个特点的正面作用，提倡会员与干部之间有意见当面提，背后不议论，多交流，少猜忌，密切配合，搞好工作，内部分裂、内部不和谐必然造成组织的认同感降低，随之内部合法性基础丧失。"对会员进行社会责任感教育，对于基层领导同志更是如此，组织大家学习先进人物事迹，使他们意识到，自己所参与的活动是为人民服务的崇高的事业，必须全心全意，必须精益求精，不能有任何私心杂念，

---

① 资料来源于对 BS 某辅导站站长的访谈。
② 资料来源于对 ZB 某辅导站站长的访谈。

群众的喜爱和需要是对我们协会的最高评价，也是协会追求的最高境界。时常运用榜样的力量，来鼓励大家为了我们自己的事业而兢兢业业、勤勤恳恳。"①

三　"松散的连接"促进组织内外部合法性的充分获得

组织外部合法性的获得，能够促进组织内部合法性的获得，而内部合法性的获得也为组织外部合法性的获得提供了内在基础。如果组织没有外部合法性，内部合法性基础再雄厚都面临着生存的威胁，当组织是个不符合社会需求的组织，不符合制度规定的组织，是个不正当的组织的时候，对于一个社会团体来讲，是不会有生存下去的可能的。反之，如果组织仅仅具有外部合法性，而内部合法性缺乏的话，组织就成了一个空壳，民间社团组织互益或者为社会提供公共服务的目标就无法实现。

SAMQ 协会处于一整套治理社团组织的行政法规体系中，面对复杂的外部环境，组织要想具备充分的合法性，组织必须明白如何不完全受制于环境的制约，采取适当的策略去实现这样的目标。协会是一个庞大的组织，辅导站分布在各个行政区划中，每个辅导站中都有着这样那样的事情，如果都由 SAMQ 上层领导人去处理的话，必然是一片混乱。对于组织来讲，如何才能既解决好组织的内部合法性问题，又应付好组织的外部合法性问题？组织采取了组织系统元素之间的"松散的连接"②。

社团采取在街道、社区、单位等设立辅导站的制度，把场地的寻找、日常活动的开展、辅导站内部的矛盾、不和谐统统解决在基层。但对辅导站的工作，协会又不是彻底不管，而是通过对辅导站站长的管理和教育间接进行管理，把矛盾化解在基层。这样一方面充分发挥了基层领导的作用，另一方面恰当地分配了协会的精力。

---

① 资料来源于协会理论研讨会论文集。
② "松散的连接"（loose coupling）是新制度学派在研究组织为了满足制度环境和技术环境相互冲突的环境要求时所采取的对策：把组织的内部运作和组织的正式结构分离开时提出来的概念。

我们这里面，大家都挺好的，但我们的辅导站人数比较多，平时呢，不免会有一些麻烦，有时候交个会费啊，几块钱，有些同志不愿意交，或者协会里要举行活动的时候，这个去了那个没去，可能会出现不高兴、不愉快，还有一些拳术之间的争论等。你说这些事情啊，都是小事，我们有必要跟协会里讲吗？没必要的啊，大家在一起，总归会有一些小摩擦的。再说了，每次开会，协会里都教育我们，要有奉献精神，要把辅导站当作自己的事业去做，兢兢业业，对于经济问题要取之于民，用之于民，活动开展，要严格按照规定，会员之间要多沟通，少猜忌等。我既然做这个站长了，就要有能力去做好基层的工作，这样协会呢就有更多的精力去做别的事情，不然，这么大一个组织，个个都说领导（指协会的领导）我们这里怎么了，我们那里怎么了，领导估计也烦死了，也没有时间去做好我们协会的工作了，这一点我们都是很明白的，很理解的。①

如果组织的行动受制于组织内部每一个变化的事件，组织将会遭遇到潜在的灾难，并且要不断地调整自己并监视着每一点的变化，就无暇顾及社团组织与外部环境的问题，就影响到组织的外部合法性的获得。外部合法性的缺失，直接影响组织的生存，内部合法性基础也受到威胁。

也正是这些基层干部的大力支持和理解，使得协会有时间和精力去关注和解释协会外部的环境变化，筛选和处理变化的信息，并赋予变化对于组织的意义，然后决定组织采取何种行动去实现组织的外部合法性。

面临制度环境，组织整合一些具有外部合法性但不具有直接经济和生产绩效的要素，运用外部的或仪式性的评估标准确定结构要素的价值，通过对外部已经确立的制度的依赖，减少组织的动荡并

---

① 资料来源于对某辅导站站长 YP1 的访谈。

维护组织的稳定性。① 这实际上说明了组织充分地利用外部制度因素，促进了组织的生存和发展，而努力地去获得具有外部合法性的要素，并整合进正式结构中，增加了内部成员与外部支持者对组织的情感依附和忠诚，从而实现了组织的外部合法性和内部合法性。而正是组织的这种"松散的连接"为组织获得充分的合法性提供了组织基础。

在这个行动策略中，民间社团组织面对制度环境的约束，组织一方面完全被动地遵从制度环境的规定，另一方面又表现出相当程度的能动作用。组织为了既获得外部合法性，又获得内部合法性，一方面保持对制度规则的遵从，另一方面保持组织的效率，实际上就是梅耶和罗文意义上的松散的连接。这样就维持了组织的外部合法性，既促进了组织在外部当事人心目中的地位，又促进了内部参与者对组织的"信心"（confidence）和"良好信念"（good faith）。② 通过这种方式，组织力图使内部参与者和外部当事人相信，组织正按照他们所看到的方式在运作。这种机制的确立，也是保证组织的技术活动开展的重要因素。

第三节　兴办经济实体

对于协会的发展来说，合法性是一项重要的资源，合法性的获得为其他资源的获得提供了前提和基础。然而，合法性固然重要，组织要想开展活动，要想生存和发展下去，活动资金也是一项必不可少的资源。

为了进一步推广 L 项目，协会领导人开始把协会的工作重点转移到 L 项目活动的开展上：全国 L 项目邀请赛、国际 L 项目交流赛、L 项目运动会、大型运动会开幕式表演、万人大会操……然而，

---

① ［美］沃尔特·W. 鲍威尔、保罗·J. 迪马吉奥主编：《组织分析的制度主义》，姚伟译，上海人民出版社 2008 年版，第 45—67 页。

② 张永宏主编：《组织社会学的新制度主义学派》，上海人民出版社 2007 年版，第 3—23 页。

像其他协会所面临的问题一样，资金的缺乏是协会发展的一大困难，举办任何一项活动必然涉及经费问题。SAMQ 作为自下而上成立的社团，多年来，没有得到政府的任何资助，要想生存和发展，社团必须向社会索取资源。由于协会不是政府机关，既没有向社会强制索取资源的能力，也没有与社会进行"钱权交换"的资本，因此只能与社会进行自愿的、平等的交换，即通过为社会提供公共物品来换取社会的支持。① 协会刚开始的时候，会参加一些活动，然后获得一些资金支持，然而，时间久了之后，会发现，社会会用异样的眼光看待协会。人们会认为协会是要钱的协会，没有能力自己发展，只是靠表演节目换取钱财来发展。

　　……然而，随着协会的发展，每次我带着自信的笑容与姐妹们一起走出去，然后又无数次垂头丧气地回到家里，感受到别人异样的眼光、犀利的话语，她是谁？来要钱的。每当听到这些话，我心里别提有多委屈了。虽然，也有一些企业给予赞助，主要是他们工会女工学习我们的项目，他们领导喜欢我们的项目，在我们举行大型活动的时候会给一些赞助。可是后来，他们工会领导不喜欢我们的项目了，换了别的项目，会费也不交了，资助也没有了，当然了，之前他们还是给我们很大的资助的，我们这个办公用房还有他们的一部分功劳，我们要感谢他们，但是这不是长久之计啊。②

　　也正是那些异样的眼光，使得 SAMQ 在其他单位给予协会赞助的时候，表现得十分谨慎。他们心中始终有一个尺度，不能靠表演节目维持自己的生存发展。

　　有一次，市文化局要我们出人表演节目，然后说给一些钱，问我给多少，一人 100 块吧。我说，不要不要，太多了，30 块

---

① 康晓光：《转型时期的中国社团》，《中国社会科学季刊》（香港）1999 年冬季号总第 28 期。

② 资料来源于对协会负责人的访谈。

够了，够吃饭、够坐车就好了，叫我们去表演嘛，是对我们协会的器重，我们应该感到高兴才对。我们不指望从政府获得资助，或者通过表演节目换点钱回来，如果没人让我们表演节目，我们就不发展了吗？再加上，去要钱，会让别人看不起的。①

从中可以看出，协会对外部环境十分敏感，唯恐因经济上的讨价还价而影响组织的外部合法性。

随着协会规模的扩大，开展活动的时候参与的人数逐年增多，企业的一次次赞助也只是杯水车薪。大规模的群众会操、演出，协会业务上的交流比赛，每次活动、干部开会都要租用场地，都需要资金，办公用房也需要资金，大型活动时的宣传费、车马费、用餐费等，这都涉及经费问题。如何获得经费，成为协会发展必须思考的问题。

当时协会的经费来源主要是个人和团体会员的会费，L项目培训费，辅导站和辅导员、教练员等上缴的教育活动管理费，举办大型活动的经费由本会收入和社会赞助等提供。具体规定：

　　辅导员、教练员每人每年向协会缴纳100元作为基本教育活动管理费；凡是经过协会介绍到其他单位进行授拳活动的辅导员和教练员，必须将教学收入的30%上缴到协会；辅导员、教练员可以承接居民自发组织的拳术培训班的教学任务，并严格按照协会的标准进行收费（一般每个套路每个学员20元，每个辅导班不能超过30个人）；除讲课费之外不能收取其他费用或收礼，同时必须将讲课费的30%上缴到协会，如果开班场地需要支付场地费，上缴比例可以另议；对于所属辅导站组织的和占用辅导站活动场地的训练班，实施教学的辅导员和教练员必须将教学收入的20%上缴到辅导站作为辅导站的发展基

---

① 资料来源于对协会负责人的访谈。

金；同时上缴协会的比例相应降为 20%。①

从以上经费来看，这些远远不能满足协会生存发展的经费需求。

> 现在场地也没有啊，有的时候别人要赶走我们的啊，场地都是借的，我们开会的地方都没有的，这个地方（办公用房）是大家凑钱买的，没有人给我们的，社会团体一般人家都没办法办的。政府没什么经费支持，如果是办公用房解决，业务主管部门应该有个专门的办公单位给全市的社会团体，所以政府部门做得也不够，这个政府就要支持啊，场馆啊，什么我们都要出钱的，社会团体如果不自己想办法求生存的话根本没办法生存，所以好的要讲，很多不足的地方也要讲，社会团体发展很不容易的，如果得不到政府支持的话，根本没办法进行的，我们协会下面的辅导站都是我叫他们依靠当地的社区街道、学校、企业，辅导员自己协调，自己公关的。我知道他们很辛苦的。所以，你说现在讲什么健身社团实体化，很难做到的啊。②

政府支持缺乏，经费来源不足，协会的活动规模却在逐渐扩大，经费紧张成为必然。再加上之前外界的异样眼光，协会时刻关注着、思考着经费的问题。一次偶然的经历让协会找到了"以商养武"这把金钥匙。

> 还记得那是我们市里举办首届国际 L 项目邀请赛的前夕，协会领导和她的姐妹们都忙得不可开交。等到一切安排妥当，看着漂亮的场馆、整齐的队形，忽然，身边有一个怯生生的声音在问："邀请赛上我们穿什么衣服呀？"这一问姐妹们七嘴八

---

① 资料来源于《协会守则》。
② 资料来源于对协会办公室工作人员的访谈。

舌地说开了："我们去批点漂亮衣服吧，让大家看看我们 L 项目的风采。这可是首届国际邀请赛，可不能在外国人面前丢脸呀！……"那天，天上下着蒙蒙细雨，我们批来了 500 件短衫，每件批发价为 15 元，卖出去每件 18 元，一件赚 3 元，共计赚了 1500 元，这 1500 块呢，还有做服装的人要拿去 500 块，剩下 1000 块钱补贴在运动会的邀请赛上，这么点钱够什么用啊，根本不够用的，当时请电视台都没钱。①

从那一刻起，协会意识到，要使协会发展得更好，光靠赞助和会费是远远不行的，正是这第一次小小的赚钱经历，协会决定成立一家公司，专门经营中华武术 L 项目运动员身上穿的服装、手中舞的红绸扇、亮闪闪的宝剑、课堂上用的音像制品、挂图等，开拓与 L 项目事业相近的产业。然而，这种想法，对于一个向来各种活动都遵守国家规定的社会团体来说，这个做法会不会改变民间社团组织的非营利性质呢？是不是会被人看成一个赚钱的社会团体？是不是符合国家的相关规定？

当时为了经费问题，费了一番心思，那次小小的经历让我们有了这个卖我们的服装和道具的想法。正在迷茫的时候，国家正好出台了这个政策，社会团体可以开展经营活动。我们看了看，那么多条件我们都是符合的，就做了决定做了这件事情。现在呢，我们公司的那个钱呢主要是这样分配的：两个管财务的从协会里拿工资，他们每个月来一天两天的样子，一个月 300 块钱每人，没钱给他们的，就是一些会费，公司赚点钱嘛，公司营业额如果有 10 万块钱的话，1 万块要给这里的工作人员，1 万块要缴税，1 万块保持这里的基本运行，我自己的话是拿原单位的工资。外边有的人会觉得，我会赚很多钱，其实我自己只是精神上的富翁而已（笑）。②

---

① 资料来源于对协会领导人的访谈。
② 同上。

正在协会对这种状况进行仔细斟酌的时候，SAMQ 敏感地注意到，国家出台了一项《关于社会团体开展经营活动有关问题的通知》，其中对社会团体兴办经济实体的规定：要求开展经营活动的社会团体必须是经社会团体登记管理机关核准登记的社会团体，并且具有法人资格，从事经营活动，必须经工商行政管理部门登记注册，并领取《企业法人营业执照》或《营业执照》，社会团体设立的非法人经营机构，其所得的当年税后利润，应全部返还给所从属的社会团体，等等。

依照这个规定，SAMQ 是符合条件的，协会是经社会团体登记管理机关核准登记的社会团体，并且是具有法人资格的团体，是具备开展经营活动的资格的。另外社会团体从事经营活动，必须经工商行政管理部门登记注册，并领取《企业法人营业执照》或《营业执照》，协会都一一照办，ML、L 项目、MLS、MLJ① 的著作权、商标权都在国家工商行政管理局登记注册。公司所得收入全部用于协会的开支。公司所在的地方就在协会办公的地方，公司的顾客基本上是协会的会员，也会采取一些促销手段，SAMQ 的辅导员、教练员守则中倡导大家为了民间社团组织的事业发展所需的经济基础贡献力量，希望辅导员、教练员积极热情地给会员们推销自己公司的衣服，协会会根据各人的销售业绩给予相应奖励。这些措施的目的，都是为了缓解协会发展所陷入的经费困境，并不在于协会负责人的营利。

> 平常辅导站里，大家需要衣服的话，都会报名到我这里，我汇总衣服的号码、样式之后，到协会办公室那里去拿，销售得好的话，还会有一定奖励。当然这个奖励呢，我还是把它放在我们辅导站里做经费用了。我们都是很愿意做这件事情的，这实际上也是解决我们基层辅导站经费短缺的一种办法，虽说不多，但有总比没有好，对吧。②

---

① MLS 和 MLJ 分别代表项目相关的道具名。
② 资料来源于对 YP 辅导站站长的访谈。

　　要说他们协会发展得好，这是肯定的，这没的说，因为我们也组织活动，但是组织活动呢，就没他们参与的人数多，从这一点上看，他们是很成功的。另外呢，外边有很多人会说他赚了很多钱之类的，我不这么认为，因为他们那个衣服外边的人是不会买的，谁买休闲服会买那上面带他们标志的呢，他们的市场很有限的。如果他真是为了赚钱的话，那早就开各种分店、连锁店了，从目前他的这种经营模式来看，他不是为了赚钱。他们的收入基本上是为了 SAMQ 的发展。①

　　协会发展所需的经费问题，因为协会的这一符合规定的"以商养武"——兴办经济实体的行动而得以缓解，为协会的生存发展解决了又一资源问题。也正是这一行动，使得 SAMQ 具有了比其他民间社团组织更强的生存能力。

第四节　积极嵌入社区

　　任何组织的发展，都要有活动的开展，况且是以健身为目的的组织，如果没有活动的开展，会员之间的沟通纽带就没有了，组织的目标也就无法实现。因此，活动场地的重要性就显得十分重要。随着协会规模的扩大，每天早晨的锻炼，不可能每个会员都到协会的办公地去集中参加锻炼，这为协会的管理模式提出了挑战。为了保证会员们有组织、有规律地练拳，协会经过民主协商，采取了辅导站的组织形式。具体是这样的：

　　具备 20 个以上会员（含 20 个）、经归属单位盖章同意、SAMQ 批准可成立 L 项目辅导站。辅导站必须挂靠一个归属单位（通常是 L 项目教学点所属单位），服从该单位的领导，在

---

① 资料来源于对协会早期会员、现任 H 市 L 项目国家规定套路专职教练 MMF 的访谈。

开展以 L 项目为特色的健身活动的同时，注意配合该单位的工作。辅导站里设站长一名、副站长两名和工作人员若干名。辅导站需要终止的，必须经过本站半数以上会员讨论通过，并报 SAMQ 批准后方可解散。辅导站必须定期、定时、定点开展 L 项目的活动。在活动中，不能擅自修改拳术套路，如有修改建议，需通过合理的组织程序反映到协会，在协会做出修改决定前，仍应按原规范套路进行。[①]

从以上规定中可以看出来，辅导站的设置，是由会员们提出申请，协会来做最后决定的，并且辅导站的活动场地，是由发起人自己去协商挂靠单位的。有些辅导站很容易就找到了挂靠单位，场地问题根本不是问题。

场地上，我们还好，我们一般是在外边公园里练，那里基本上成了我们的地盘，没有人去占那个地方，大家公认的就是我们在那里。另外，社区的文化站呢，还给了我们三个早上的室内活动，还有老年协会那边我们也可以到那边去，但是这些都是我们有大型活动要参加的时候、要进行排练的时候用的，平常人太多，这场地也满足不了。不过，我们是充分利用这些场地的，我们平常一直都在排练，以免要参加活动的时候手忙脚乱的。[②]

但是，有些辅导站为了场地可谓费尽周折。

我们办这个辅导站花费了很多心血的，就场地问题，我们都费尽了周折。因为我们这个辅导站不是一两个人，其实是一个小型组织了，这么多人一起锻炼，就需要一个大一点的场地。另外，我们打拳的时候，配的有音乐，就要考虑不能影响

---

① 资料来源于 SAMQ 下属辅导站章程。
② 资料来源于对 SAMQ 下属辅导站 BS 辅导站站长的访谈。

周边的居民，所以，我们马路边也练过，超市旁也练过，公园里也练过，小区里也练过，折腾了很多次呢。

　　因为我们早上打拳比较早，开始我们是在小区广场上练的，楼上的那些年轻人，听着很烦，说影响他们休息，早上想多睡一会儿都睡不成，就把水装在塑料袋子里往下丢，后来把小便装在袋子里往下丢，哎，真是……后来我们费尽周折找到现在所在的地方——青少年活动中心。人家也就这个院子这么大，刚开始这里面是有另外一群人占着这个场地，我们就在这个大门外边，沿着马路站了几排。后来他们那个解散了，我们就想着进里面，小心翼翼的，不能影响人家正常上班，早上得早点来，早点结束，因为保洁员还要打扫卫生的。①

　　像这样的情况有很多，人员很多，要找合适的地方不容易，找街道、找居委会、找公园、找学校，各种渠道去协商，场地问题是整个协会下属的大多辅导站都存在的问题。协会负责人也深知寻找场地的困难，为解决场地问题，协会再次把注意力转向制度，而不是与民众争夺、抗争。

一　全民健身制度保障，社区体育可利用资源增加

（一）全国性制度规章中对活动场地条件的规定

1995 年全国人民代表大会颁布《中华人民共和国体育法》，法律规定：地方各级人民政府应当为公民参加社会体育活动创造必要的条件，支持、扶助群众性体育活动的开展。县级以上地方各级人民政府应当按照国家对城市公共体育设施用地定额指标的规定，将城市公共体育设施建设纳入城市建设规划和土地利用总体规划，合理布局，统一安排。城市在规划企业、学校、街道和居住区时，应当将体育设施纳入建设规划。乡、民族乡、镇应当随着经济发展，逐步建设和完善体育设施。公共体育设施应当向社会开放，方便群众开展体育活动，对学生、老年人、残疾人实行优惠办法，提高体

---

① 资料来源于对 SAMQ 下属辅导站 ZB 辅导站站长的访谈。

育设施的利用率。任何组织和个人不得侵占、破坏公共体育设施。

1995 年国务院发布《全民健身计划纲要》（以下简称《纲要》），《纲要》中分析了我国全民健身的形势，群众性体育活动蓬勃开展，参加体育活动的人数不断增加，人民体质和健康状况有了很大改善，全民健康工作日益受到社会的重视和支持，群众性的体育活动的内容和形式更加丰富多彩，群众体育健身的物质条件逐步得到提高，体育在提高人民整体素质、促进社会主义精神文明和物质文明建设方面发挥着越来越显著的作用。全民健身工作的现状还不能适应社会主义现代化建设的需要。……现有体育场地设施在向社会开放、满足群众开展体育锻炼的需要方面还有较大的差距……①形势分析中很重要的一个方面就是群众健身的体育场地问题，不能满足开展体育锻炼的要求，纲要中在提出对策的时候，很重要的就是"体育场地设施建设要纳入城乡建设规划，落实国家关于城市公共体育设施用地定额和学校体育场地设施的规定。任何单位和个人不得侵占体育场地设施或挪作他用。各种国家体育场地设施都要向社会开放，加强管理，提高使用效率，并且为老年人、儿童和残疾人参加体育健身活动提供便利条件"②。

1997 年 4 月 2 日国家体委、国家教委、民政部、建设部、文化部联合发布《关于加强城市社区体育工作的意见》。意见中指出："我国城市社区体育（以下简称社区体育），是体育社会化的产物，是社会发展的必然趋势，是城市精神文明建设的重要内容，社区体育主要是在街道办事处的辖区内，以自然环境和体育设施为物质基础，以全体社区成员为主要对象，以满足社区成员的体育需求，增进社区成员的身心健康为主要目的，就地就近开展的区域性的群众体育。为贯彻执行《中华人民共和国体育法》（以下简称《体育法》），实施《全民健身计划纲要》，满足广大人民群众日益增长的体育需求，努力为人民群众营造一个就近、方便、文明、有序的体育健身环境。社区体育工作的主要任务是：采用多种方式，发

---

① 参见《全民健身计划纲要》（http://www.sport.gov.cn/n16/n1092/n16849/312943.html）。

② 同上。

动、引导、组织社区成员开展经常性的体育健身活动，提供门类众多的体育服务，满足社区成员的体育需求，增强体质，提高身心健康水平和生活质量，建立文明、健康、科学的社区生活。具体实施中，要充分利用辖区内各单位人才、资源和场地等条件，体育场地设施是社区居民开展体育活动必需的物质条件，是体育活动经常化的重要保证。市、区人民政府要加强社区体育场地设施和学校体育场地设施的建设。街道办事处应在辖区内有计划地修建社区体育活动室或体育服务站（点）并配备相应的健身器材设备。已建成的居住区要努力挖掘潜力，为居民修建简易体育场地；新建居住区、小区，必须按照国家的具体相关规定，规划、建设好社区体育设施。另外，居委会应协助街道办事处做好居住区、楼群晨、晚练指导站等体育组织的建设与管理工作。社区内的机关、学校、企事业单位要增强社区意识，支持、协助街道办事处开展社区体育工作，积极参加社区的各类体育活动。"①

从这样几个制度中可以看出，国家把全民健身摆在了重要的地位，在实施的过程中，活动场地是活动开展的重要保障，没有场地，健身活动无从谈起。所以，几个制度中，都对活动场地的实现做出了相应的规定，最重要的一个提供方式，就是就近取场地，发展社区体育。这正符合协会会员分散，不便于集中，场地缺乏的实际情况。

（二）H 市制度规章

H 市委、市政府积极把贯彻《全民健身计划纲要》作为 H 市经济和社会发展的重要内容，于 1995 年制定了《H 市全民健身实施计划》，提出了 H 市全民健身工作的奋斗目标和主要任务：到 20 世纪末，H 市全民健身的水平要与 H 市城市总体发展目标相适应，与 H 市的文化、教育、卫生事业发展相协调。具体而言，要做到：（1）全民健身的组织领导机构比较完善，有一支素质好的社会体育指导员队伍及管理干部队伍；（2）全民健身的规章、制度比较完

---

① 国家体委、国家教委、民政部、建设部、文化部联合发布：《关于加强城市社区体育工作的意见》（http://www.sport.gov.cn/n16/n1092/n16879/n17321/1436259.html）。

善，群众性体育锻炼的场所经费等基本落实；（3）人均城市公共体育用地面积达到 1 平方米左右，体育场地建设增长速度不低于10%，在全国名列前茅；（4）经常性参与体育锻炼的人数达到全市总人口的 40%以上；（5）各级各类学校学生体质在全国居中上水平。

2000 年，H 市人大常委会审议通过了《H 市市民体育健身条例》（以下简称《条例》），这是全国第一部同类地方性体育法规。《条例》主要对市民体育健身的保障工作如场地建设、资金来源、人员配备等进行了规定，如第 11 条："街道、乡镇、里弄和村公共体育健身设施的建设、更新所需经费除了由各级人民政府财政支出外，体育彩票公益金中应当安排一定的比例予以保证。"《条例》以较大的篇幅用来规范公共体育设施的建设、管理和开放等。如第 18条："公共体育场馆应当全年向市民开放，并公布开放时间。公共体育场馆应当有部分场地在规定时间内免费开放。"第 19 条："街道、乡镇、里弄和村的公共体育建设设施，应当全年向市民开放，不得从事营利性活动。"《条例》高度重视市民体育健身工作的公共性质，为 H 市市民体育健身活动和全民健身专项工作的开展提供了法律保障，也标志着 H 市全民健身工作已由社会发动进入依法推动阶段。

2004 年，市政府制定了《H 市全民健身发展纲要（2004—2010 年）》，明确了建设"136 工程"的主要任务，即创建一个科学、健康、文明的体育生活环境。市民出门 500 米左右就有基本健身设施，利用公共交通工具 15 分钟可到达综合体育设施，利用公共交通工具 30 分钟可到达环城绿带、体育公园。构筑日常、双休日、节（长）假日三个体育生活圈。日常体育生活圈以日常体育服务为主，提供居民身边体育设施，满足居民健身需求；双休日体育生活圈以休闲体育服务为主，建设多元化市民健身娱乐体育服务基地；节（长）假日生活圈以特色体育服务为主，利用长三角特色体育旅游资源和郊区体育休闲度假基地，丰富市民节（长）假日文化体育生活。完善运动设施、团队组织、体质监测、健身指导、体育活动、信息咨询六个体育服务网络。

　　在具体的发展过程中，体育相关部门提出要重点推动社区体育建设：H 市社区体育的发展，经历了探索、改革、完善、突破等几个阶段，并与 H 市城市发展、社区建设同步，成为 H 市精神文明建设的有机组成部分。今后几年，H 市将重点促进社区体育发展：首先要转变思想观念，发挥社区体育的凝聚功能，随着"单位人"转为"社会人"，社区体育的重点要为"社会人"服务，通过开展社区体育，促使体育健身进入里弄楼组，渗透到千家万户；其次要转变活动观念，发挥社区体育的组织功能；再次要转变运作观念，发挥社区体育的服务功能。[①]

　　从国家到地方，关于群众体育的这些规章条例中，有一个共同的话题就是体育场地、体育设施的问题。

　　在这样的背景下，国家体育总局决定用体育彩票的公益金为全国城市兴建一批全民健身的体育设施，批准 H 市在 1998 年度兴建 20 个此类场所。至 10 月底，新建的社区体育场所由 20 个扩大为 21 个。市政府为推动全民健身活动的开展，把健身设施建到居民的家门口，两年中一直将居民社区体育设施的建设作为市政府的十件实事之一。1999 年又建造 27 个社区健身苑，并在 911 个居委会中建造了健身点。2000 年全年新建街道、乡镇级社区健身苑 42 个，居委会健身点 1271 个，校园健身点 20 个，体育场馆健身点 21 个。这些健身场所配备各类健身器材 131 种 14517 件。至年底，全市的社区健身苑已达 90 个、居委会健身点 2181 个，总面积达 122 万平方米。2001 年全年新建健身苑 29 个、健身点 430 个、校园健身点 11 个、场馆健身点 1 个、体育公园 2 个。至年底，社区健身苑（点）的覆盖率已超过 40%。同时利用社会资金，在已建的健身苑（点）中加盖美观实用的遮阳雨棚和橡塑地砖。2002 年，全民健身实事工程逐步实现"一转变一并举"，即硬件设施建设由突击性工作向日常性工作转变，并实行建管并举，重在管理。健身设施建设重心转向以郊区建设为主，有计划、有步骤地加以实施。年内新建

---

　　① 金国祥：《大众体育与和谐社会的融合——上海深入发展全民健身的探索与思考》（http：//sports. sina. com. cn/s/2004-12-30/0918456686s. shtml）。

健身苑 31 个，其中郊区 24 个；新建健身点 460 个，其中郊区 363 个。2003 年新建健身苑 13 个，健身点 563 个。2004 年，全市建成 35 个社区公共运动场并投入使用。投资 8087 万元，新建健身苑 32 个、健身中心 1 个、健身点 508 个，安置健身器材 6994 件。2005 年，新建社区健身苑 6 个、健身点 203 个，投资 4361 万元，至年底，全市累计建成健身苑 201 个、健身点 4345 个，健身器材总数已达 56547 件，投资总额达 3.64 亿元。2006 年，全市更（整）新社区健身苑（点）器材 3728 件，总投入 628.07 万元，其中市体育局承担 224.17 万元。新增 26 个社区体育健身俱乐部试点社区，全市累计达 39 个。①

二　积极嵌入社区

活动场地的困扰，不仅仅是辅导站站长的困扰，也是协会的困扰。站长们在每月一次的管理工作会议上，都会提到锻炼场地的问题，但是作为民间组织的协会，没有任何权力去争取日常活动开展的场地，更不可能用资金去租用日常活动场地。组织意识到环境的变化——国家出台了一系列保障全民健身的政策，为自己组织的日常活动提供了场地的便利，建议各个辅导站积极嵌入社区，从社区中找机会，从所在社区的周边寻找公共绿地、社区公共活动场所等，充分利用国家为全民健身活动提供的场地资源。

场地都是我们自己找的，因为协会这么大，不可能领导（协会领导）把我们的场地都找好，这也是不现实的。但是我们开会的时候大家会讨论，会交流找场地的心得体会，领导也会建议我们怎么做。我们原来是在超市门口练的，离我家还有一些距离，后来我发现离我家很近的地方在建一个公共绿地，就是为了群众健身而设置的健身点，我就想这个东西是公共资源，我一定要选一个好地方，先盯上。我每天早晨从那里路过

---

① 此部分数据根据网站 www. shtong. gov. cn 中的 1999 年到 2007 年的《上海年鉴》整理而成。

的时候都会看一下那里，最后我选中了这里，真害怕别人把这一块占了，因为这个东西是公共的，没有贴上任何人的标签。所以，一看到这块绿地投入使用，我就带着我的姐妹们来到这里，从第一天到这里到现在，我们一直都是这一块，其他后来的人也就默认了这样的格局，每天大家都非常自觉地在自己的场地上活动，想想为了这块地方我还是费了不少心思的哦。①

组织面临着复杂的外部环境，经过对外部制度环境的关注和理解，发现要想取得协会的生存和发展，只有严格按照制度的规定，在制度规定的前提下，获取生存发展所需要的资源。然而，并不是所有的制度环境对协会都会产生影响，充分利用制度的力量，实现协会发展所需要的三大资源：合法性、经费、活动场地，这是在协会看来最重要的事情。

在对待制度环境问题上，组织一方面是被动地接受制度规定，一切按照制度规定来做，这是因为组织非常明白，作为一个民间社团组织，必须严格按照一切规定来行事，这些制度环境对组织来说，都是刚性的，必须采取默从策略。通过遵从制度环境，组织表明了自己是以一种社会承认的、合乎情理的方式按照集体赋予的价值目的来行事，也为自己的活动提供合理的解释，使自己的经营管理免受质疑。也就是说组织变得合法了，并运用合法性来巩固和支持自身，获得进一步的生存和发展。如果不遵从环境中合法的结构要素，组织的持续支持就要受到威胁，内部不赞成者就会变得强大，也即本书所言的内部合法性就会受到威胁。同时，对外部制度环境的遵从，给组织带来了巨大的扩张机会，也为组织的活动贴上了标签，也可以调动内部参与者和外部成员的支持。另一方面，应该看到的是，组织被动接受制度规定也是为了组织更主动地生存和发展，只有从环境中获得了合法性、活动经费、活动场地这三个至关重要的资源，组织才会获得稳固的地位，实现自己的顺利发展。因为从组织所遵从的制度环境来看，组织并不是对所有制度环境都

_____

① 资料来源于对 SAMQ 下属辅导站 ZB 辅导站站长的访谈。

是被动地接受，而是有选择的，是在根据自己需要进行选择的前提下被动接受。SAMQ 面对制度环境的一系列行动中，被动中体现着主动，主动中体现着被动，这其中体现着组织适应制度环境的能力，即组织是一个积极能动的主动适应外部环境的行动主体，也体现着民间社团组织负责人塑造环境过程的能力。

第五章

技术环境下民间社团组织
SAMQ 的行动策略

第一节　SAMQ 对复杂技术环境的关注和理解

　　组织的发展不仅面临着制度环境，同时面临着技术环境。组织的发展在受到制度因素影响的同时，也会受到技术竞争因素的影响。SAMQ 的主要任务是宣传贯彻党的体育方针政策，领导组织本市 L 项目活动和处理有关的日常事务，组织开展 L 项目交流比赛及理论研究，推广普及 L 项目，组织开展 L 项目比赛、学术讨论、培训、咨询和编写出版 L 项目系列资料。① 我们仔细去观察这个协会的目标的时候就发现，围绕的一个核心就是 L 项目这项运动的开展。协会承担着这项运动的创编、传授、创新、发展的任务，协会所承担的这项核心项目只是众多健身项目中的一种，也是该项目众多流派中的一种，各种流派的形成对协会的发展也造成了一定的影响，影响协会的会员规模、协会的社会效应、协会的活动开展等，这都制约或促进着协会的发展。笔者在这里把协会项目与其他健身项目构成的环境以及协会项目内部流派之间所构成的环境称作 SAMQ 面临的技术环境。

一　技术环境的三次变化

（一）第一次技术环境变化

当时，刚刚改革开放，体育项目的单调、种类的缺乏，使得 L

---

① 资料来源于 SAMQ 守则。

项目这项运动赢得了众多女性的喜爱，并作为自己的健身项目，后来把 L 项目作为健身项目的人越来越多，甚至成为一种时尚。中华武术 L 项目作为 L 项目研究会发起人创编的项目，可以说是独树一帜。

公园里，喜欢 L 项目的拳友就似滚雪球一般，不久就发展到千人，群众基础越来越广泛。为了规范它的发展，L 项目研究会成立之后，我们进行了 L 项目统一规范套路培训，培养了 100 多名 L 项目辅导员，来推广中华 L 项目的发展。后来在 1989 年参加中日维力多杯太极拳比赛，同时进行中日 L 项目交流表演参赛队有 11 个，L 项目研究会（SAMQ 前身）荣获 1989 年 H 市团体剑术邀请赛第一名。[①]

从 L 项目研究会所开展的活动中可以看出，当时的 L 项目还只是作为其他项目的附属地位存在，它的发展只是处于起步阶段，发展的环境也是比较单纯的。所以为了更好地推广和发展 L 项目，也为了让组织更加壮大，培养辅导是其中一条途径，更重要的途径是要开展更多的活动，向外人展示这个项目的魅力，扩大其影响。为此协会选择了 H 市 DSJ 作为项目对外宣传的一个阵地，这个地方曾经是娱乐界龙头老大，也是游客火爆的地方，曾经有"不到 DSJ，枉来大 H"的称号，这无疑是对外宣传的一个好地方，要想使 L 项目走向全国，甚至走向世界，对于协会来讲，这是一个不可多得的推广平台。

然而，组织的发展并不是那么简单。在 DSJ 的武术竞技交流中心那里，众多的项目中，L 项目的参与人数占据一定优势，这样的情况下，DSJ 的工作人员要求跟协会领导人一起合作，成立 DSJ 的 L 项目总会。在成立总会的同时，注销 L 项目研究会（SAMQ 前身）这个组织，共同地把这个项目推出来。

---

① 资料来源于协会内部资料。

当时，为了推广项目，我选择把它放在娱乐界龙头老大那里，那个时候 DSJ 治安保卫科科长的 LG 先生等一起成立了"中国 DSJ 武术竞技交流中心"，我们的项目也参与其中。那边项目有很多，我们的项目参与的人数比较多，比较红火。有的单位看我这边不得了，就想跟我合作，大家一起成立个新的组织中国 DSJ 的 L 项目总会，共同来推广项目的发展。推广项目这个想法呢其实是蛮好的，跟我的想法是一致的，但是那个时候呢，其实那时候我自己已经成立了 H 市 L 项目总会，另外我这边 1988 年就成立了 L 项目研究会，这个时候我就要想一想到底该怎么办。后来我想这可能搞不来，因为当时有规定，在同一个地区相同相似的社团不能成立两个，另外如果搞全国 L 项目总会的话，得有相关部门的批准，如果非全国的不能用中国、中华字样，另外呢，如果搞全国的呢，稳定问题很难讲，不好控制，控制不好就容易出问题，再加上毕竟我有自己的组织了，我就想着回去考虑考虑。我就请求体育局，看体育局如果同意的话，我就过去，不同意嘛，就算了。谁知道在我考虑的过程中，这个人就开始操作了，把我协会的两个副会长拉到他那边去，拉山头啊，自己也开始编 L 项目（后来他们叫中国 L 项目），把我的东西稍微改一改，就成了自己的东西。这是什么样的行为啊！你说，让我真的很气愤。当时我想，他是想借此来赚取利润，而我呢，只是想让更多的人健身，没有想过借此赚取什么金钱的想法，道不同不相为谋，最后呢我坚决选择退出。当时我的那些学生们非要闹的，说这样不行的，我们要告他什么的。我想还是算了，要是一闹，全国就乱了，因为我的学生是遍布全国各地的，这样就出现政治问题了，实际上是对自己组织的发展是极为不利的。①

这次技术环境的变化，是在组织刚刚开始起步的时候，组织的核心项目的发展也是刚刚开始组织化，从街头巷尾的晨练到有组织

---

① 资料来源于对 SAMQ 领导人的访谈。

有规模的规范的锻炼，对于具有十年群众基础的协会项目来说，看似是顺理成章的事情。而面对目前的变化，组织该何去何从，从访谈中看，组织选择了坚决退出，自己发展自己的组织，L 项目走组织化推广的道路。

（二）第二次技术环境变化

1995 年国务院发布《全民健身计划纲要》，为群众体育的蓬勃发展注入了一股强劲的力量，掀起了全民健身的热潮。协会也积极参与其中践行全民健身计划纲要，由于项目本身的魅力，协会规模不断扩大，协会的项目也不断推陈出新，协会处于蓬勃向上发展的时期。然而，在协会成立十周年之际，民政部发布了《关于取缔法轮大法研究会的决定》，"法轮功"是以健身为幌子，进行非法活动，宣扬迷信邪说，蒙骗群众，挑动制造事端，破坏社会稳定。协会的核心任务就是发展 L 项目事业，通过 L 项目健身，而"法轮功"也是健身，这样难免会让人们对协会项目的科学性进行质疑，"法轮功"这个非法健身项目的出现，为协会的技术环境又带来了一次巨大的震动。

（三）第三次技术环境变化

也正是"法轮大法"研究会这个以健身为幌子的组织，给全民健身事业造成了一定的冲击，国家体育总局为了统一、规范全民健身项目的发展，L 项目国家规定套路出台。由于人们对国家观念的根深蒂固，国家规定套路的出台吸引了一批人群，甚至协会的一些基层辅导站站长都选择退出协会，去参加国家规定套路，这给协会的发展也带来了巨大的冲击。

> 当时，国家规定套路出台以后，好多人都觉得是国家的好，我们的辅导站里就有人主动离开，去加入国家规定套路的锻炼团队去了，有的辅导站全部解散掉了，反正那次对我们协会的冲击是蛮大的。我们老师（实际上就是协会领导人）生了不少闷气的。①

———————————

① 资料来源于对协会所辖 ZB1 辅导站站长 CYH 的访谈。

国家规定套路也不断开展活动，我们有国家邀请赛，他们也有；我们有一年一届的 H 市的比赛，他们也有。但是我们很不划算的，为什么呢，我们这边举行活动是协会领导打报告到体育局，体育局批准的话，协会召集我们到协会那里开会，布置任务，我们积极配合去参加活动；而人家国家规定套路的团队呢，是经过市体育局到区体育局再到街道，这样一层一层下来，有文件通知的，他们去参加活动就会有经费支持，而我们就没有，街道会说你们属于 SAMQ（协会名称）的，没看到批文说给你们经费的问题，所以你们自己解决，我们是根据文件做事情的。这样实际上对我们发展是很不利的。①

我是非常喜欢我们老师的（协会领导），我也欣赏她的拳，就是作为民间组织，在经费上比较缺乏，对于我来说，经费没有就没有嘛，自己出就好了，关键是我自己可以，但是下面的那些人怎么办？你要他出钱，他有话要出来的，即便出了，他还是要说话的，我们听了就不舒服。人家那边（国家规定套路的团队）出去衣服都是发的，表演完了，还发钱，有一次他们比赛，还发了两套衣服、剑、鞋子、背包等，来回车子接送，请吃饭等，我们这边怎么什么都没有呢。这些因素很容易让协会人心不稳。②

可见，国家规定套路的出台，对组织产生了不小的影响，组织的内部合法性遭到动摇，组织的规模也受到影响，组织在这个时候显然处于十分不利的地位。

二　SAMQ 对环境变化的关注、理解、自我解释

第一次的环境变化，DSJ 武术竞技交流中心和 L 项目研究会

---

① 资料来源于对协会所辖 ZB2 辅导站站长 YSM 和教练员 GM 的访谈。
② 资料来源于对协会所辖 BS 辅导站站长 ZY 的访谈。

（SAMQ 协会前身）的目标是一样的，都是想借助 DSJ 这个娱乐界的龙头老大推动 L 项目的发展。然而，在这个过程中，环境的变化引起了协会组织的关注、理解和自我解释的过程。

如果选择合作，那么很可能最后的结果是自己的技术被篡改，并成为另外一个组织的成果，而自己组织的技术优势被取代，组织的生存和发展就会受到威胁，这样的结果是组织的领导人以及组织的会员都不愿意看到的。

> 很可恶的哦，他们那边的人，把我们老师编的东西，随便改，但是呢大体上他又改不了多少，因为你想啊，那个人是什么出身的啊，怎么可能会有这种基础去编拳呢，真是的。我给你打个比方哦，如果我们本来是手心向外的话，他就手心向里（实际动作比画着），你说可恶不可恶？我们老师辛辛苦苦编的东西就这样被糟蹋掉了。这个事情，出来之后，协会里给我们大家开会，讨论这个事情，当时我们都不愿意的，我们都非要打官司的，我们打官司肯定打得赢的啊，这等于说是侵权了啊。但是为了协会的发展，我们老师坚决反对我们这样的做法……①
>
> 原本我呢，只想编一套适合自己锻炼的拳术，没想到，想拜师学艺的姐妹越来越多。姐妹们好学的热情感染着我、鼓励着我，决心完善 L 项目，造福更多姐妹。我爱人在绘画、书法、设计、音乐方面都有一定的天赋，他顺理成章地成了我的好帮手。从局部造型到连贯动作，从绘人体图稿到拟拳姿名称，从文字到配乐，我们共同体会着个中甜酸苦辣。40℃的高温，我摆出一个个动作造型，爱人则充当摄影师，扯一幅床单作背景，一次次按下快门；著书描图，常因长时间伏案，而两臂生满痱子；"百鸟朝凤"、"紫燕抛荔"，多么动听易记的拳姿名，但又有谁知道，我们为之苦思冥想了多久。我花了这么大的功夫，你说我怎么忍心就这样把自己的心血拱手相让呢？再

① 资料来源于对协会会员 ZLQ 的访谈。

说了，正是我自己的这些东西，吸引着姐妹们，才有着我们协会组织的不断繁荣，姐妹们对我的赞美以及她们积极努力地参与学习，激励着我不断地斟酌、揣摩拳的每一个动作。到现在了，要把我的协会撤掉，全部到他那边去，我的姐妹们重新学他的那些东西，我自己心理上也不愿意，我的辛苦就白费了，姐妹们也不愿意啊。所以，既然大家这么信任我、支持我，我必须继续走下去（办好协会，编好拳，为大家的健身服务）。①

如果选择不合作，继续发展自己的组织，技术竞争对手不会因为有该协会的发展就放弃，并且他还会发展同样的项目且号称是自己创编的。但这样的结果是自己的项目还存在，并且凭借自身组织的实力能够发展得更好，这个时候两个组织核心项目之间是竞争关系，而不是被吞并。这样的情况下，组织选择退出这样的"合作"，来保留自己的技术优势。

后来那件事情过去了之后，我想通了，不管他怎么发展，都无所谓，我只要做好我自己的事情就好了，我有这个实力，再加上我们组织有我们组织的优势就不怕没有会员，但是有一条，我们内心非常清楚，必须做好自己，切切实实是为姐妹们的健身着想，所以，我后来想想，必须全力以赴地发展，发展才是硬道理，面对竞争，没有后退，只有前进。②

在这个过程中，组织首先注意到环境的变化，并经过分析这样的变化对组织发展的影响，最后做出决策。

第二次技术环境的变化，其实不单单是对 SAMQ 协会有影响，是对整个全民健身环境的影响。协会知道在这个时候，如果能够采取一定的措施，利用好这个机会，其实是可以加强社会公众对协会的信任的，其实就是能够增强协会的合法性，不管是协会的内部合

---

① 资料来源于对协会领导人的访谈。
② 同上。

法性还是外部合法性都是有效的。所以，如果能利用好这次环境变化，其实是可以促进组织发展的，但是要保证自己的组织是在遵纪守法，科学健身。

第三次技术环境的变化，对于组织来说是个重重的打击，当时协会里，各种各样的声音都有，协会对这个环境的变化也一度陷入困境。

> 说实话，我觉得，我们老师（SAMQ 负责人）这一点上做得不是很好，她总是与世无争，这样其实我们吃了不少亏，是自己的东西，就应该争一下啊，为什么不去争呢，其实是为自己争，也是为我们会员争……①

> 在我看来，我们协会的成功就在于我们老师的与世无争。你想，这么大个组织，她作为领导人，一说要争这个东西的话，多少人都支持她啊，作为协会的一员，我想大部分人还是会参与其中，这样的话，不就乱了嘛，最后吃亏的还是我们协会自己啊。再说了，你想啊，跟政府争没有什么意思的，这个我们都拎得清的哦。②

访谈中发现，协会里这种争论的声音很多。有的觉得协会自己的东西应该努力争取，争一下；也有一部分声音，就是支持协会领导的做法，他们知道这件事情怎么处理会更为妥当，与国家、政府进行斗争，是不利于协会发展的。作为民间社团组织，面对强大的国家，只能选择"与世无争"，因为国家之所以组织人员编制"国家套路"，实际上是在当时环境下，通过国家的力量整合民间力量去抵制具有意识形态的健身活动，如果抗争实际上是阻碍自己组织发展的，也是背离组织目标的，加入全民健身活动的开展是组织的利好策略。

---

① 资料来源于对协会所辖辅导站 ZB2 辅导站站长的访谈。
② 资料来源于对协会所辖辅导站 ZB1 辅导站站长的访谈。

第二节　极力发展推广核心项目

协会在面临复杂的技术环境变化的时候，综合各方面的因素考虑，最后做出了选择：要想生存和发展不受制于外在因素的变化，只能选择发展自己的核心项目，不断创新——发展才是硬道理。

一　为核心项目寻找合法性基础

（一）证明项目的科学性

概括地说，合法性是表明某一事物具有被承认、接受和认可的基础，这种基础可以是某种习惯、某条法律、某种主张或某一权威，至于具体的基础是什么，则要看实际情境而定，对于组织来讲，就是说组织的核心权威系统是否被承认、接受和认可。帕森斯从文化制度观的角度把合法性的范围从组织中的权威系统扩展为与权威系统相关的要素，把组织合法性分解为三个层次：制度层次合法性、管理或治理层次合法性、技术或产品层次合法性，这三个层次松散地联系在一起。① 这里讲的项目的合法性，就是协会核心技术或产品的合法性，也即这个项目能不能被群众接受和认可，项目的合法性基础指的是用什么东西让更多的群体接受自己的项目，或者说群众凭什么接受自己的项目。这是 SAMQ 思考得最多的问题，它认为这个项目的科学性很重要，如果这个项目是尊重人体科学的，能起到健身的作用，那么会受到更多群体的关注；如果这个项目是违背人体科学，违背人体生理规律的，这个项目自然会受到冷落。所以组织在创编项目的时候非常重视项目的科学性。很显然，组织把科学性作为项目的首要合法性基础。

要想让别人接受自己的项目，首先要有自己的科学性存在，

---

① 转引自湛正群、李非《组织制度理论：研究的问题、观点与进展》，《现代管理科学》2006 年第 4 期。

科学态度是 L 项目事业发展的法宝。我这个 L 项目的特色是融合刚健与柔美和集人体内在气韵外形风貌为一体，即造型优美、动作舒展大方，以中华气功的经典吐纳之道和传统的阴阳二气合理运动为理论依据，动静结合。在动的过程中，让思维随着优雅的音乐意守拳路而自然入静，从而使人体这个高度精密复杂的系统得到了科学合理的调整。……①

另外，为了证明项目的科学性，就要寻找健身方面的权威。协会决定跟体育专业高等院校、医院等合作，进行实验研究，得出了一些令人信服的结论，并举办 L 项目理论研讨会，围绕 L 项目的一些研究成果进行交流，探讨科学研究过程的合理性，甄别研究结果的可信性，这些都为自己项目的进一步发展奠定了合法性基础。

当然了只是我说我的项目有多好，对身体的改善有多大用处，这都是没用的，人家都觉得我是"王婆卖瓜，自卖自夸"了，为了避免嫌疑，我们有跟外边的科研单位做一些合作性的研究呢，与大学合作举行了两次 H 市 L 项目理论研讨会……通过高校教师和一些医生的研究和实践证明通过 L 项目的训练能防病、治病、延年益寿，对青少年成长发育、中老年慢性病和体形健美都有明显效果。实际上，我自己想啊，创编 L 项目的实践过程是一次人体科学理论和实践的新探索。②

举办两次 L 项目研讨会。第一次研讨会主办单位是 H 市武术院、H 市体育科学学会，承办单位是 SAMQ、H 市师范大学体育系、H 市体育学院。第二次研讨会的主办单位是 H 市妇女联合会、H 市体育局，承办单位是 H 市科技教育工委、SAMQ、H 市

---

① 资料来源于对协会领导人 YMF 的访谈。
② 同上。

体育学院。①

部分相关的研究主要是关于对女性高血压、自由基代谢、平衡调节、围绝经妇女骨密度、体质、关节运动幅度等的影响。②

（二）证明项目身份的正当性

群众心目中的权威，除了健身方面的专家、保健医生，还有就是政府部门对这个项目的认定。也正是创编 L 项目的过程中，注重了生物力学、生理学、运动心理学和美学等多角度，来推敲每一个形体动作中关节、肌肉、韧带的运动状态，并仔细体验意志的控制引导，以及呼吸韵律的调节，也正是它要领的正确：意念指导、气沉丹田、腰带四肢、腹实胸宽、上下相随、圆而不滑、慢而不滞、连绵不断一气呵成的要领，经国家体委中国武术协会专门组织的中国武术协会 L 项目评审会审定，由 SAMQ 领导人创编的六套简化比赛套路确定为 L 项目的比赛规定套路，并正式确立为中国武术的第 130 种拳种。后来，新创编的 L 项目二十八式、MLS 三十八式、MLJ 四十八式竞赛套路，经过全国武术专家正式评审，确定为全国 L 项目竞赛套路，分别以国体 76 号文件、127 号文件由国家体委武术管理中心下发到各省市体育专业部门。这再次为项目的发展奠定坚实的合法性基础。

> 1995 年 6 月 8 日由国家武术管理中心、中国武术协会举办的"中国武协 L 项目评审会"在江苏常熟召开，武术专家权威 MXD、WB、HHM、LDX、QZY、LSX、WPK、WJX、WZJ、HCF 等对 YMF 创编的 L 项目进行了认真讨论研究，形成了 L 项目评审会纪要：1. L 项目属武术范畴；2. YMF（SAMQ 负责

---

① 首届中华武术 L 项目学术研讨会项目鉴定小组成员名单：组长：CJX（H 市体育科学学会副理事长），成员：WZJ（H 市武术院院长）、BZW（H 市体委群体处副处长）、SQL（交通大学体育系主任、教授）、XHW（师大体育系教授、博导）、ZDH（H 市体育科研所研究员）、CWH（H 市体育学院运动生理教研室主任）。

② 资料来源于 SAMQ 理论研讨会论文集，主要有：《L 项目练习对女性高血压病患者红细胞变形性的影响》、《长期 L 项目运动对中老年女性自由基代谢和一氧化氮的影响》、《L 项目对中老年妇女心血管功能影响的初步研究》、《L 项目练习对女性血脂成分的影响》，等等。

人）创编的 L 项目比赛套路基本认可。1998 年 4 月 20 日国家体育总局武术管理中心组织的全国武术专家权威，观看 YMF 新创编的 L 项目二十八式拳、三十八式扇、四十八式剑，通过严格评审，最后确认为全国 L 项目竞赛规定套路。①

二　不断地对自己的项目进行巩固和创新

从表 5—1 中所列出的组织的成果看，从开始的拳到后来的扇、剑，再到后来的双环操，都是组织不断推陈出新的结果。在组织看来，创新是 L 项目事业进步的第二件法宝，科学是创新的前提，创新是科学的延伸。科学与创新共同推动着 L 项目向前发展。面临复杂的竞争环境，要想使得自己的拳术脱颖而出，必须创造新的套路，去打击各种不正当的竞争、盗版、翻版和各种各样的干扰和困难。

　　其实"L 项目"、"MLJ"、"MLS"，"ML"，这几个我们都在工商管理局注册登记过，有些人就喜欢做些出格的事情，很差劲的。面对那些不正当的竞争，只要他们模仿我的东西，我就出新的东西，你越是盗版，我越是创新，看你怎么办？发展才是硬道理，对吧？邪不压正！②

另外，随着协会组织的发展、会员规模的扩大，每次举行比赛参与的人数都在增加，这就要求套路更新才能满足不断变化的需求。在总时间限定的情况下，要想让那么多的参赛团队都有施展的机会，只能是缩短套路时间。

　　1995 年下半年的时候，由 H 市 PT 区人民政府主办，SAMQ 组织的 H 市第七届 L 项目运动会上，参赛运动员竟达 3000 多名，在 CF 公园的大草坪上，分六个赛区，40 多名裁

---

① 资料来源于内部资料《中华武术 L 项目 1988—2008》。
② 资料来源于对协会领导人 YMF 的访谈。

判，一个音响喇叭，当时我在主席台上，看着每个赛区有的三个队，有的四个队，比赛 L 项目简化套路，有徒手、单扇、单剑、双扇、双剑，秩序井然、有条不紊地进行着比赛。我当时就在想，如果以后参赛的运动员还要增加该怎么办，于是，萌发了将 4 分钟一套的 L 项目简化套路缩短为 3 分钟一套，也就是把原来的六套简化比赛套路精简为三套，即二十八式拳、三十八式扇、四十八式剑，便于更多的人来参赛。这其实正满足了后来社团发展的需要。①

随着外部群众体育项目的增多，对于 SAMQ 的会员而言，社团外部的诱惑不断增多，再加上长期练这套拳的情况下，可能一部分会员会觉得枯燥无味了，为了满足多种人员的需求，又创编了 SH 操等。

协会里面人员很杂的，来自各行各业的，各个年龄层次的，各种文化程度的，兴趣爱好也不大完全一样，觉悟当然也不一样了，所以大家除了练我们协会的拳，有时候长期让他练，他会觉得没有意思，就像天天吃红烧肉一样的，吃腻了……所以，协会呢，又推出了一些新的东西，SH 操啊，XHSS 啊，等等。②

三　大力推广、宣传自己的项目

想让自己的技术获得稳固的地位，除了进行研究，体现它的科学性之外，还要让更多的群众知道这样的新拳种。组织决定通过四种渠道来实现：一种是编制教材、出版书刊和音像制品，让更多的人了解 L 项目；一种是通过媒体进行宣传；还有一种是通过开展各种活动普及推广 L 项目；另外一种就是让核心项目符号化。

（一）编写、出版教材、音像制品

要想把拳更好地推广，教材是必不可少的媒介。协会编写的

---

① 资料来源于对协会领导人 YMF 的访谈。
② 资料来源于对 YP 公园辅导站站长的访谈。

《L 项目》一书由同济大学出版社出版，教学录像带和配乐录音带畅销于国内外，并多次在 H 市电视台、DF 电视台、有线电视台、教育台和中央电视台一套、四套节目中播放 L 项目教学录像带。表 5—1 与表 5—2 分别是协会编写的教材书刊和音像制品。

表 5—1　　　　　　L 项目教材书刊编辑出版发行统计

类别	年份	名称	出版单位	页数	发行量
教材	1988	L 项目（小册）	H 市 L 项目研究会	48 页	2000 本
教材	1988	L 项目双扇（小册）	H 市 L 项目研究会	48 页	2000 本
书籍	1992	L 项目	同济大学出版社	194 页	39000 本
教材	1992	L 项目六路双剑（小册）	SAMQ	48 页	2000 本
书籍	1995	中华武术 L 项目	同济大学出版社	236 页	77000 本
教材	1997	ML 苑小报（1—2 期）	SAMQ	4 页	2000 份
书籍	1998	中华武术 L 项目	同济大学出版社	244 页	15000 本
教材	1998	L 项目竞赛套路挂图	H 市教育出版社	各 1 张	3000 份
教材	1998	ML 苑小报（3—4 期）	SAMQ	4 页	2000 份
教材	1998	L 项目学术研讨会论文集	SAMQ　H 市师范大学体育系	92 页	3000 本
画册	1998	庆祝 SAMQ 成立十周年（软精装）	H 市教育出版社	96 页	2000 本
画册	1998	庆祝 SAMQ 成立十周年（硬精装）		96 页	1000 本
书籍	1999	L 项目竞赛套路（剑、扇、掌拳）	世界图书出版公司	128 页	10000 本
书籍	1999	L 项目简化比赛套路（剑、扇、掌拳）		278 页	10000 本
教材	1999	ML 苑小报（5—6 期）	SAMQ	4 页	2000 份
教材	2000	L 项目守则	SAMQ	48 页	2000 本
教材	2000	ML 苑小报（7—8 期）	SAMQ	4 页	2000 份
教材	2001	L 项目双环操		48 页	5000 本
教材	2001	ML 苑小报（9—10 期）		4 页	2000 份

续表

类别	年份	名称	出版单位	页数	发行量
书籍	2002	ML扇新编	北京金盾出版社	56页	11000本
教材	2002	L项目守则	SAMQ	48页	1000册
教材	2002	ML苑小报（11期）	SAMQ	4页	2000份
教材	2005	L项目论文集（二）	SAMQ	112页	1000本

资料来源：协会内部资料。

表5—2　　　　　　　　L项目音像制品编辑出版发行统计

类别	时间	名称	出版单位	数量
音带	1988年	中华L项目全套路音乐	H市声像出版社	10000盒
像带	1994年	L项目1—5路竞赛套路示范		2000盒
像带	1997年	L项目竞赛套路教与学（1—3路）	北京体育大学出版社	2000盒
VCD	1997年	L项目竞赛套路	H市声像出版社	5000张
像带	1998年	中华L项目国语版	香港三汇发展有限公司	3000盒
VCD	1998年	L项目全套示范	上海声像出版社	5000张
音带	1998年	L项目全套竞赛		10000盒
音带	1998年	L项目三分钟新音乐		10000盒
CD	1999年	L项目比赛规范套路（上、下集）	中国人民解放军音像出版社	10000张 5000张
VCD	1999年	L项目扇、剑、教育		5000张
VCD	1999年	L项目简化套路		5000张
VCD	2001年	L项目双环操	H市声像出版社	5000张
音带	2001年	L项目双环操（你是我的家）	H市声像出版社	5000盒
VCD	2001年	L项目双扇（国语配音）	H市电影公司	5000张
VCD	2001年	L项目双环操（国语配音中文字幕）	H市电影公司	5000张

资料来源：协会内部资料。

（二）寻求媒体的力量进行宣传

媒体在人们的生活中起着重要作用，无疑是项目宣传的重要平台。协会举行大型比赛的时候，会主动邀请媒体参加，或者利用"名人效应"，邀请著名的主持人担任大型活动的主持，以提高活动的社会影响力，达到宣传自己项目的目的。

> 有一次搞活动，我们就想请电视台来，借助他们的平台给我们宣传宣传。后来到电视台去，别人都说什么是 L 项目，没听过啊。我就讲迪斯科你们都知道，民族的东西都不知道啊，后来电视台的人很不好意思地说"我们看情况"。我就想你来就来，不来拉倒，来了的话我们派车子来接，200 块钱当时给人家，很低的哦，现在这点钱肯定是不行的，不过当时电视台的素质还是很高的，来看了之后，又是拍 L 项目，又是在电视节目里教 L 项目。所以新闻媒体对我们是很支持的，对我们的宣传起了很大的作用的，我有好多会员都是从电视上看到这个才打听到哪里去学啊，后来加入我们协会的。还有一次，我们举行个大型活动，需要请个主持人，我去请 H 电视台的一个体育频道的主持人，谁知道她趾高气扬的，觉得我们的东西好像不值得她来一样，后来 CKF（H 市名嘴）来了，收到的效果比她好多了，对吧（笑）。……不过现在媒体都挺好的。①

（三）通过扎实开展活动普及推广项目

协会的辅导站制度，其实也便于项目的宣传。协会在全市有两三百个辅导站，每天早上的辅导站活动，对协会的项目、对协会本身都是一种宣传和展示。

> 其实我老早就想锻炼 L 项目了，以前没有退休的时候，每天早上上班的时候路过这里（某辅导站活动地），听着动听的音乐，做着美丽的动作，就想退休了一定要练这个健身项目。

---

① 资料来源于对协会领导人的访谈。

后来我就开始注意了，每天那个时候准时开始，整齐的队伍，划一的动作，大家之间的默契，每一段结束之后，稍作休息，自觉地换取道具（单剑、双剑、单扇、双扇等），然后站回自己的位置，安静，陶醉，那种感觉真的很好，后来就发现原来他们是有组织的，是 SAMQ 的……①

　　协会成立这么多年来，成功地组织了大大小小百余次的 L 项目展示和赛事活动，群众的大会操和比赛是宣传、推广、普及 L 项目的最有效形式。也正是这些大会操和比赛活动真正体现了健康运动的全民性。协会分别在步行街等 H 市的标志性的地方举办了大型的 L 项目比赛和万人展示演出活动，并成功举办了 H 市 21 届 L 项目比赛、3 届全国 L 项目理论研讨会、6 届国际 L 项目邀请赛、5 届全国 L 项目邀请赛、4 届全国 L 项目培训班，并光荣地参加了全国八运会、全国农运会、亚运会、H 市第九、第十、第十一届运动会等开幕式的大型表演以及各种展示活动的演出，代表性的活动见表5—3。这些活动对 L 项目的群众性普及和提高发挥着重要的作用。

表5—3　　　　　　　　　　近期协会活动记录

日期	活动内容	参加人数
2002 年 3 月 8 日	迎三八 NJ Road 万人大会操	8800 人
2003 年 3 月 8 日	纪念三八妇女节 93 周年，展 ML 风采	5780 人
2004 年 11 月 6 日	市十届全民健身节，十六届 L 项目比赛	2000 人
2005 年 11 月 5 日	L 项目第三届理论研讨会，市十七届 ML 比赛	4500 人
2006 年 10 月 26 日	"恒力杯" 2006 H 市国际 L 项目邀请赛	6500 人
2007 年 3 月 8 日	"与奥运同行" 巾帼 ML 万人大会操	7800 人
2007 年 9 月	世界杯白玉兰女足啦啦队	6000 人
2008 年 5 月 23 日	奥运火炬手 YMF（协会主席）传递仪式上	60000 人
2008 年 10 月 28 日	2008 H 市国际 L 项目邀请赛	6700 人

① 资料来源于对 YP 某辅导站会员的访谈。

续表

日期	活动内容	参加人数
2008 年 5 月	SAMQ 为四川汶川地震捐款伍拾多万元	6000 人
2009 年 3 月 8 日	"健康迎世博" L 项目万人大会操	5500 人
1988—2009 年	每年一届 H 市 L 项目比赛	3000 人/届

（四）核心项目名称的符号化

在如何更好地让社会了解自己的项目的问题上，协会一次偶然的经历，使得组织有了自己统一的服装、道具等，在多种多样的服装上、道具上、鞋子上，都印上自己协会的标志、自己项目的标志，人们一看到这样的服装，就知道这个团队活动的项目是什么了，协会会员分布在全市的各个社区、公园、学校等地方，这样符号化的字样，成为 SAMQ 的一个标志，也是中华武术 L 项目这个流派的标志，无疑成了推广项目的又一种有效途径。

服装是一个偶然的机会，还记得那是 H 市举办首届国际 L 项目邀请赛的前夕，姐妹们都忙得不可开交。等到一切安排妥当，看着漂亮的场馆、整齐的队形，忽然，身边有一个怯生生的声音在问我，老师，邀请赛上我们穿什么衣服呀？这一问姐妹们七嘴八舌地说开了，我们去批点漂亮衣服吧，让大家看看我们 L 项目的风采。那次，统一的服装，我们觉得效果非常好，也正是这些服装，让我们一下子就认出来哪个是我们的队伍，哪个是别人的队伍。也正是这次机会，经过跟协会的领导班子的商量，觉得我们如果有自己的服装，然后服装上再印上我们的项目字样，对于推广我们的项目也是非常好的一个办法。后来，我们就经过各种困难，实现了我们这个梦想，我们现在的衣服、鞋子、道具、包包上面都印有我们的项目名称，我们的会员一出去，就知道这是我们协会的，在练我们这个项目的。这不仅是对我们项目的宣传，我们协会也得到了更多的关注。①

四 淡薄创编权意识

经过一段时间的发展之后，到目前，L项目的发展成为三足鼎立的局面，这成为一个不可扭转的事实，参加这个项目的人也逐渐明白这个拳的来龙去脉，协会的项目也逐渐深入人心。这个时候，组织开始转变观念，创编权意识淡薄，只要自己站稳脚跟了，再多的竞争、盗版、翻版等活动都不在组织的视野范围内。换句话说，不管怎么说他们用的项目名称还是协会自己核心项目的名称，某种程度上，连其他流派的L项目也是在为自己协会做宣传。组织的核心目标再次回归到全民健身，而不再纠缠于复杂的技术环境之中。

不管怎么说，他们打的都是L项目，我一再强调，L项目这个名字是我们协会经过工商局登记注册的商标，也是很多群众认可的，但是有些群众就认可别的L项目，我也没有权力去干涉别人，我们本身就是自愿组织，愿意来这里跟我们一起打L项目，我们会好好接受你的，不来嘛，也不强求，大家都是为了健身，各有各的想法，但是来我们这里的话，我们教的都是我们自己的L项目，而不是别的什么L项目。不过话又说回来，他练来练去，都是在为我们的L项目做宣传。现在我们再纠缠于创编权的问题，没有什么价值，事实已经非常清楚了。"我只想将我的智慧和成果奉献给社会，让千千万万姐妹能有强健的体魄，为社会发展做贡献，这就是我的中国梦！"②

如果说协会成立之初，是为了L项目的组织化发展的话，从协会负责人的话语中，可以发现目前协会的目标可能在于满足有相同爱好和兴趣的人们的健身需求，发挥其在全民健身中的作用。

---

① 资料来源于对协会领导人的访谈。
② 同上。

第三节 与政府互动为技术发展创造环境

一 与政府保持一致，赢得政府的认可

协会为了进一步推广和展示自己的项目，每年会举行一次全市的交流比赛活动。像这一类的交流活动，在活动之前，要做的一项重要的工作，就是严格按照民间社会团体的重大活动申请审批制度，向上级部门申请同意。协会认为，与政府保持一致，取得政府的认可，是活动成功必不可少的前提条件，也是活动成功与否的评价标准之一。在与政府进行互动的过程中，先积极主动地和政府进行沟通，取得政府的信任和认可，在此基础上，再进行进一步的活动。

翻阅协会活动的资料和图片，会发现每次活动中都会有业务主管单位的领导参加，他们的参加扩大了协会活动的影响力，也有利于协会项目的推广和发展。笔者跟协会领导人接触的过程中发现，领导人经常感慨地说道："每次举办大型活动前后，都是我们最忙的时候，举办前我们要请人，举办后我们要感谢人……帮助过我们的人，不感谢能行吗？……"举办大型活动是为了推广社团的项目，展示社团的风采，而要做这个活动，必须经过申请、审批，当收到了应有效果的时候，其中最大的功劳就是审批的人了。可见社团非常重视政府的支持，非常在意政府带来的光辉和荣耀。

有一次，H 市体育局接到上级的任务，任务的主题大概是为了迎接共和国成立 60 周年，而要制作一个 H 市晨练情况的献礼片来体现群众体育发展成就。体育局要求我们协会出 20 个人做这件事情，一大早我们就赶到现场，片中要反映的活动项目很多，但这个活动唯独 SAMQ 参与的人数是最多的……这就看出来，对我们多么重视啊！

从这些常人看起来非常小的事情中可以看出，协会非常在意政

府对自己的看法，政府的重视对组织技术的发展有着重要的影响。所以与政府的沟通，取得政府的同意和认可成为协会开展活动前后必须要做的事情，这在协会的活动开展中起着至关重要的作用，是活动顺利开展的重要保障，也是协会项目能够继续推广的必备条件。

实际上，活动的开展是政府和协会的双赢，对政府而言，这样的活动符合国家的全民健身政策导向，活动的成功举办体现着地方政府转变观念，实际行动上重视和支持群众体育的决心。对协会而言，向政府和群众展示了自己的实力和风采，巩固了自身的合法性基础。

二 维护政府的权威，策略性地发展

在协会与政府的沟通过程中，还有一种方式就是在公众场合，积极服从维护政府的权威，活动结束后，会采取积极沟通的策略去维护自己的技术优势。在协会针对项目的科学性而开展的理论研讨会上出现了这样的插曲：

> 有一次，我们不是讲要开全国 L 项目理论研讨会吗，全国乃至世界各地的我都通知到了，大家要来杭州开会，谁知道到了那里，当时的武术院院长突然宣布这次研讨会缓办，这样的情况下，你想多么难堪啊！全国各地的基本上都是我原来的学生，他们都很气愤的，他们主张"必须把这件事情闹明白，为什么突然说不办了，不让办不行，什么叫缓办，我们就是要办，必须得办"。当时我就说，缓办就缓办吧，听领导的，不听领导的，我们办了也不被认可，我们办它做什么，我何必呢？当然了，后来我采取了一些措施，我把要来开会的我的学生通知了一下，来了的到我们协会，没来的不要来了，正在路上的也直接来 H 市。那个时候我们正好编了新的套路出来，让他们在这边免费地学习，他们都很高兴，把群众安定好了。之后，我就给领导打报告了，说我这个研讨会是有批文的，您在人员都要到来的情况下，突然宣布缓办，这样给全国各地的学员造成了很多损失，对我们协会名誉也造成了一定的影响等。

最后，他回复：研讨会一事可以在 BJ 再办，你们协会以后的所有活动，我都全力支持。①

在这个事件中，协会表现出来的态度，依然是稳定很重要，大局很重要，政府的权威、领导的同意都是要首先考虑到的问题，尤其是在这种大型活动的时候，要想取得好的效应，只有维护政府的权威，然后再采取策略进行沟通，即先克制，然后再寻求合适的途径进行沟通，进一步取得最初设想的成果，既"曲线救国"又维护政府的权威。

> 还有一次，当时 DSJ 那边有两个人要我教他们 L 项目，我就教他们。也好，交流嘛。谁知道他们学了之后呢，到国家举行大的比赛的时候，他们给组委会说，我们动作都是不一样的啊，这怎么比啊？我当时心里想，自己没学好，怎么这样说话呢。当然，政府有些领导啊，有些时候处理事情是欠缺考虑的，当时的中国武术院院长 LJ 说要按照对方的动作来评分，当时我这边的学生说，老师（他们都是我的学生，都叫我老师）啊，这怎么比啊，要改动作，按新的来评分。我当时的反应是，改就改啊，先按照他们的来做，我还是觉得大局很重要。但是，我们回头来，自己搞自己的活动的时候还是要按照我们自己的动作来的，怎么可能我们改来改去的，如果这样的话，我们还有什么技术含量在，我们的拳是有科学依据的，每一个动作都是经过仔细斟酌的。当时，回来之后，我就告诉我们 H 市的武术院这个事情，他们说你自己的东西为什么不出碟片，去宣传呢，谁知道过了一段时间，这个国家武术院院长来到 H 市武术院的时候，表现出很不高兴的样子，H 市武术院的领导吓坏了的样子，叫我不要出光碟了……在这种情况下，我就想我就偏偏要出光碟，越不让出，越要出。②

---

① 资料来源于对协会领导人的访谈。
② 同上。

在这个事件中，协会依然是稳定大局，遵照领导的同意，但是在私下里沟通互动的时候，出现僵局，这种情况下，如果继续服从，就会造成自己组织的技术听任摆布，无法稳固的后果，协会又由开始的服从转向抗拒，继续自己的行动，力争维护自身的技术优势。

新制度主义强调制度环境对组织与组织行为的约束性并不是指组织只能被动消极地适应服从制度环境的规定，基于生存的需要，组织也会采取相应的策略措施以应对甚至改变制度环境的限制。迈耶与罗文指出，组织具有相当的能动性，组织在遭遇组织与制度环境的结构矛盾时，可以将其正式结构与实际活动分离（decoupling）开来，仅在仪式上遵从制度环境，而根据实际情况运作。[①] 在跟政府的互动过程中，协会首先是顾全大局，以社会稳定为首要目标，把矛盾用合适的途径进行化解，进而取得应有的效果。但是当情况威胁到组织的技术发展的时候，会用合适的方式与政府进行沟通。这两种沟通方式，都是协会在对外部环境的关注、理解和自我解释后，努力用协会期望的方式达到协会期望的结果——为自己的技术发展创造环境。

第四节　积极寻求制度力量保证技术发展

一　用制度的力量为技术发展奠定组织基础

技术环境发生第一次变化的时候，协会经过对环境的分析解释之后，做出的决定是：退出所谓的合作，努力发展自己。但是如何更好地发展自己？是继续保持自己的组织性质——非营利性的民间社团组织，还是要利用技术赚取利润？是作为非营利组织，参与到全民健身的群众体育运动中，还是利用自己创编的体育项目通过在各种渠道传播，传播的过程中收取一定的费用，因此而赚取利润？《社会团体登记管理条例》的出台，坚定了组织的信念："为全民健身服务"，按照新的制度规定，重新申请登记注册协会，获得新的

---

① 张辉：《新制度主义理论略述》，《制度建设》2013 年第 15 期。

社团组织名称 SAMQ，成为 H 市唯一的专门以发展 L 项目运动为事业的民间社会团体。这样既保证了自己的技术优势，又为技术的发展创造了良好的组织基础。健身运动的发展离不开组织的滋养，健身组织的发展离不开项目的支撑。

> 我们本来就有自己 H 市 L 项目研究会，他们叫我过去嘛，我就征求一下体育局的意见，去请示体育局，他们说没问题，你去好了。结果去了以后呢，他看我这个组织比较规范，他说你就驻在 DSJ，那边取消掉，就让他们自生自灭好了什么什么的。我当时在考虑，我总归不能一下子就给你回复对吧，一套班子两块牌子嘛，中国 L 项目总会这个名字也是我起的，DSJ 呢，有好多部门，有搞戏曲的、杂技的，等等，这个人呢他是保卫科的科长，他想我们也要搞个名堂出来，搞个武术竞技中心，谁知道跟武术院有些冲突了啊，弄这出来呢，也没戏唱，老的武术界也不感兴趣来搞这个，本来也蛮好的，通过这个舞台交流啊，提高啊，推广、普及、宣传，主要达到这个目的的。后来他一看到 L 项目这么好，就想把 L 项目拉过去。拉去以后呢，我没回答他，他就做出了很多不正当的举动，成立 Y 氏 L 项目，成立什么什么，乱来，拉山头，一个拉我一个副会长，还要拉我的一个学生，拉过去以后成立 Y 氏 L 项目研究会。群众组织嘛，各种人的素质我都知道的，有的犯过病的，但是他学 L 项目，你要爱护他啊，他就把这些人拉去成立 Y 氏 L 项目研究会，这些人呢，也没有自知之明，后来我就跟他明确表态，我这个人跟任何人不争高低的。本来你要我在 DSJ 这边驻下来呢，我是在考虑当中，谁知道你这样，但是你现在的做法，我觉得我没有必要再跟你合作下去，我退出，因为当时 L 项目 DSJ 总会会长是我，我明确表态我退出。他是想用激将法激我的，你知道吧，你不回答我，人家都会来投靠我，三教九流，土匪的做法。我这人呢，跟你合作我是很真心实意的，但是你要有想法呢，当面你可以提，但是你都做出来了，那我就不认可了。你要成立 Y 氏 L 项目研究会，要成立什么，

对 L 项目的安定团结很不利，我在那边我跟他们搞斗争啊，我是健身，我没有这个精力跟你搞这个斗争。他急了当时，L 项目主要是你负责，他们自己要搞流派啊搞什么什么，那是两个人的选择。我说 LG 啊，你就不要说这个事情，没有你的支持，不可能这么搞的，我真的退出，我没有精力给你搞这个东西，本来就是大家需要我，我才来搞 L 项目的，我根本不想搞，我告诉你，如果你跟我斗，你去搞我退出。刚刚退出，国务院关于社会团体管理登记条例文件正好下来，你看，退出得好不好啊。后来我就根据国务院的社会团体登记管理条例重新登记注册，领导班子调整，然后章程全部修改，自己搞独立的办公室，成为在 H 地区具有法人代表的唯一的专业社会团体。①

《社会团体登记管理条例》中明确规定：在同一行政区域内已有业务范围相同或者相似的社会团体，没有必要成立的，登记管理机关不予批准筹备，即控制型登记管理制度的非竞争性原则。② 这种非竞争性原则使得协会成为 H 市唯一以 L 项目为健身项目的经过登记注册的社团，这为项目的发展奠定了良好的组织基础。从组织领导人面对技术环境变化时的心理活动变化可以看出，国家制度的出台为组织走出困境铺平了道路，也正是组织对环境的敏锐反应、积极寻求制度力量的结果。

有研究表明，这种非竞争性原则实际上人为造成了垄断，不利于同类组织通过竞争得到发展，而且也使处于垄断地位的民间组织由于这种垄断地位而易于偏离非营利性、公益性的组织原则。从本书来看，非竞争性原则也不是绝对的障碍，对单个社团组织的发展来看，它实际上是一大有利因素，利于保证专业社团组织的技术优势。

---

① 资料来源于对协会领导人 YMF 的访谈。
② 王晨：《中国民间组织发展的三大不利性制度因素分析》，《社会科学》2005 年第 10 期。

二 拥护国家制度，为技术发展创造稳定的环境

协会面临的第二次技术环境变化，是因为民政部关于取缔"法轮大法"研究会的决定的出台，以健身为目标的团体都受到一定的冲击，因为这个研究会就是以健身为幌子而进行的一些不法活动。这个时候，协会积极响应国家的制度，立即加入反对"法轮功"的活动中去，并召开会员大会，揭批"法轮功"的恶劣行径，且专门发文《遵纪守法 科学健身》在协会《会员守则》上，解读国家政策，"依法取缔法轮功组织，并不是要反对一切健身活动，相反是要通过这一行动，扶植科学、健康、积极向上的正常健身活动"。同时，重申自己协会组织的科学健身理念：既积极宣传 L 项目的良好健身效果，又建议姐妹们根据自己的具体情况制定适当的健身方案，不夸大和神化 L 项目的健身作用，有病要及时医治，身体条件许可时，辅以练拳以巩固治疗效果和增强体质。宣传协会健身项目是在科学理论的指导下向前健康发展的。

用这样的方式，"以政府所期望的方式起到了政府所期望的作用"[1]，稳定了协会的内部秩序，也为协会项目的发展创造了稳定的外部环境。

总之，协会非常明白的是，协会是个专业的协会，要想长久生存和发展，就必须有自己的专业优势。如果自己的技术项目不发展的话，也就失去了组织生存发展的优势。在这个过程中，它积极寻求制度的力量为技术的发展奠定组织基础，同时积极寻求制度的力量保证组织稳定的技术环境。

---

[1] 陆建华：《大陆民间组织的兴起——对北京三个绿色民间组织的个案分析》，《中国社会科学季刊》2000 年第 32 期。

第六章

结论与讨论

第一节　结论

本书选择的研究对象是由民间发起的，按照国家的有关规定成立的，具有法人资格的民间社团组织，拥有自主型的组织治理结构，重大决策和负责人产生都由自己决定，强调参与精神、志愿精神。作为新出现的纯民间组织，同那些与国家有这样或那样密切关系的官方或者半官方社团组织有本质上的区别，它们独立于国家，并在保持自治的基础上生存和发展着。本书关心的核心问题是，在中国的政治社会文化环境下，这些纯民间社团组织是如何生存发展起来的，在发展的过程中是如何汲取社会空间中的力量得以壮大的，如何争取自身发展所需要的资源的，这其中又采取了哪些行动策略。

本书运用参与观察、深度访谈与文献研究等方法，以新制度主义理论为研究视角，选取某民间自发的、自下而上的民间社团组织为个案研究对象，通过分析其生存发展所面临的社会环境特征，进一步考察它是如何汲取外部环境中的力量以维持自身的生存和发展，如何争取自身发展所需要的资源，为此又采取了哪些行动策略。通过研究，得出一些初步的结论。

民间社团组织是个开放的系统，它不仅仅是组织追求技术目标的产物，也是组织在制度环境下不断适应环境的产物。面临制度环境，组织关注、理解、自我解释自己所面临的环境，认为作为民间社团组织，应该充分利用制度的力量为组织的生存发展获取空间和资源；面临技术环境，组织极力维护自己的技术优势，甚至继续从制度环境中寻求力量为技术发展创造条件。

民间社团组织面临的制度环境指的是以国家为主体的直接的和间接的社会管理制度，其与社会性、观念性制度相互交织，共同形成作用于社会团体的"制度丛"，具体指的是与社团组织相关的国家层面社团管理规章等方面的制度，主要包括五个方面的内容：宪法、法律、行政法规、党的政策、非正式制度。《宪法》第35条规定："中华人民共和国公民有言论、出版、结社、游行、示威的自由。"这为公民的结社权利和结社自由提供了宪法保障。宪法作为国家的根本大法，是民间社团组织合法性的基本来源。相关的法律主要有两类：一类是普通法中涉及民间组织的有关条款，另一类是对一些重要民间组织的专门性法律。比如，民法中《民事诉讼法》主要对民间组织的法人地位以及作为法人应当承担的法律责任做出了规定，如1986年颁布的《民法通则》，确定社会团体可以取得法人资格，并且其中关于法人的一般规定可以适用于社会团体。而其他的法律则更多的是关于特定类别的民间组织在相关事务中应当享有的权利和需要承担的职责。后一类法律目前有《村民委员会组织法》、《居民委员会组织法》、《工会法》等，分别对政府认为最重要的民间组织——农村的村民委员会、城镇的居民委员会和工会等提供制度保障。行政法规主要有中央政府法规《社会团体登记管理条例》；国务院、行政部门法规主要有以下三类：作为国务院民间组织主管部门的民政部的法规，相关部委用以管理本系统民间组织的法规，民政部与其他部委联合发布的管理性法规。比如，1995年颁布了《中华人民共和国体育法》，从根本上确立了群众体育的发展地位和作用。同年，国务院下发了《全民健身计划纲要》，对2010年前我国全民健身的目标、任务、对象、重点、对策、措施和实施步骤等进行了计划和部署，并辅以"全民健身一二一工程"，予以落实。在此前后，还发布了《关于加强城市社区体育工作的意见》等，使之相互配套，促进了社会体育的有序发展，同时还受到中华人民共和国民政部《关于取缔法轮大法研究会的决定》以及关于健身气功等方面的政策和规定的影响。与群众体育相关的法制建设都是该类民间社团组织所面临的制度环境的一部分。党的政策和法规方面主要是党中央及其领导部门的正式文件和政策，包括指示、通知、公告、规定、办法、意见、条例等，以及最高领导人的批示、文章、正式讲话等，与党中央的文件具有同样的权威性，两者一起构成了党的政策规定。还有官员对民间组织的态度，以及政治文化和政治传统对民间组织的习惯性倾向，是最重要的非正式规则。

面对庞杂的制度环境，并不是所有的制度环境都对组织产生影响。这一方面是因为，它们与组织相分离或者它们与组织之间有一定的缓冲余地；另一方面是因为组织没有注意到那些事情，并不是发生的一切事情都足以引起组织的回应。民间社团组织经过对制度环境的关注、理解和自我解释后，认为制度确实为民间社团组织发展提供了空间，但是民间社团组织要想真正发展，就要充分利用制度的力量，解决组织生存发展最关键的问题——资源问题，即社团组织的合法性、民间社团组织发展所需要的资金以及发展所需要的活动场地。实现这些所要依靠的制度主要是：《社会团体登记管理条例》、《民政部、国家工商行政管理局关于社会团体开展经营活动有关问题的通知》以及《全民健身计划纲要》、《关于加强城市社区体育工作的意见》等，这几个制度分别为组织实现合法性、资金、活动场地这三个资源提供了制度保障。

为此民间社团组织采取了一系列行动策略：充分利用制度力量获取组织的外部合法性和内部合法性，合法性是组织与制度环境发生关联的一个最重要的方式。外部合法性主要是指组织的政治合法性、法律合法性、行政合法性、社会合法性，而法律合法性是统领另外三种合法性的核心。内部合法性，主要是内部会员对组织的认同，内部合法性的获得是组织生存发展的不竭动力，外部合法性的获得能够促进内部合法性的获得。而组织所采取的组织方式，组织的基层辅导站制度为内外合法性的获得提供了基础，即组织"松散的连接"为民间社团组织实现充分的合法性奠定了组织基础。

为了解决组织发展面临的资金短缺问题，协会决定严格依照制度力量，"以商养武"，兴办经济实体，所有的经济收入全部用于社团组织的运行开支，为协会的生存和发展提供经济支撑。

　　为了应对组织发展面临的活动场地缺乏的问题，协会决定积极寻找利于自身发展的制度力量，积极加入全民健身计划行列中，采取"嵌入社区"的发展策略，获取制度催生的群众体育场地资源以满足自身的发展需求。

　　在本书中民间社团组织面临的技术环境主要指的是，SAMQ协会所从事L项目的发展推广过程中所面临的环境，主要包含两个方面：自身的L项目内部流派之间构成的环境以及L项目与其他健身项目之间构成的环境。然而，能够引起社团直接反应的是L项目内部流派之间构成的环境。面对第一次环境变化，即项目的第二个流派"中国L项目"产生，社团组织面临着消亡，核心项目面临着消失的威胁，此时，组织坚决维护自己的地位、坚持自己的技术优势，依照新的《社团登记管理条例》重新登记注册，取得H市唯一以L项目为健身项目的民间社团组织的身份。面临第二次环境变化，组织认为只要发展好自己的技术，引导会员们科学健身，尊重科学，遵守制度，自己的项目不会受到大的影响，反而，如果能够积极拥护国家的规定并采取相应行动，还会利于社团的发展。然而，第三次技术环境变化，即"国家规定套路L项目"的出台，让组织受到了严重的打击，在社团组织与国家两个主体之间，民众对国家的信任远远高于社团组织，所以组织的项目中华武术L项目受到了一定程度的冷落。

　　面对每一次技术环境的变化，组织都会对环境进行分析、理解和自我解释，之后积极主动地采取策略维护自己的技术优势，因为组织深知，技术优势也是自己社团组织发展的不竭动力。经过仔细斟酌和利弊权衡，社团组织发现摆脱外部技术环境制约的最好途径就是充分发展自己的"中华武术L项目"，具体的行动策略主要是：通过跟体育专业高等院校、医院等合作，进行实验研究并召开理论研讨会证明自身项目的科学性，通过国家体委中国武术协会专门组织的中国武术协会L项目评审会审定，表明自身项目的权威性，从而为技术寻找合法性基础；随着社团的发展、会员的需要以及外部环境的变化，不断改善巩固原有套路，创编新的套路；通过编写教材、出版音像带，利用媒体力量，扎实开展社团活动，用核心项目的符号化等策略极力推广自己的项目中华武术 L 项目；淡薄核心技术的专有意识，不纠缠于 L 项目创编权属于谁的问题，而专心为会员服务，为全民健身服务，从而实现项目的充分发展。同时，依照新的《社会团体登记管理条例》重新登记注册，把组织定位为 H 市唯一以 L 项目为健身项目的民间社团组织，为技术发展奠定组织基础；通过与政府的互动为技术发展创造环境；拥护并积极响应国家《关于取缔法轮大法研究会的决定》，以政府所期望的方式发挥政府所期望的作用，以稳定技术发展环境；当组织的技术发展受到国家这个强大主体威胁的时候，极力用恰当的方式，用合适的途径化解矛盾，以组织所期望的方式实现组织所期望的结果。

　　总之，制度环境的合法性要求越高，或对提高组织技术效率越有帮助，组织就越愿意采取被动顺从的策略。如果制度环境所要求的目标与组织目标是一致的，比如国家所要推行的全民健身计划与组织所要实现的推广自己的项目让更多的女性朋友们健身、健美、健心是相吻合的，组织也积极响应。如果组织所处的环境十分不确定的话，比如目前政府和民间对社团的态度还处于不断变动的情境下，民间社团组织会严格依照制度的力量，采取被动服从的策略。在面对技术环境的时候，如果外部环境对自己核心项目的发展造成强烈冲击，比如自己项目面临消失时，组织是经过权衡，选择恰当的方式，积极主动地反抗，最后达成的一个结果就是在对制度环境依赖的前提下实现了组织的技术权威的保持。

　　从该民间社团组织应对外部环境所采取的行动策略来看，不管是面临技术环境还是制度环境，它都倾向于积极寻求制度力量的支持以保障自身发展，这说明它所面临的技术环境与制度环境之间并不是毫不相干，技术环境是建立在制度环境基础之上的，制度框架影响着组织目标的实现，以及使其"合法"的应对方式。

　　总而言之，该民间社团组织在发展的过程中表现出了一定程度的自主性，但从它对制度环境的依赖上看，如果用技术环境下组织核心项目的发展状况取代康德拉和海宁斯的研究中的组织经营绩效作为中间变量的话，以组织对制度环境的适应性为横轴，以组织的核心项目发展是否达到环境平均水平为纵轴，该社团组织是一个对制度环境的高度适应、技术发展处于环境中一般水平的环境适应者，一个善于汲取制度环境中力量的积极能动的行动主体，而不是简单被动地服从。

第二节 讨论

通过对这种由民间发起成立，因大家的共同的兴趣组织起来的，并按照国家有关规定获得社团法人身份的民间社团组织的生存发展策略研究，可以看出：

随着中国体制改革的深化，传统的全面控制个人生活的官方组织逐渐消退，非必要性的官方组织逐渐分化和瓦解，社会成员工作生活之余的许多需求除了自我调节之外，需要民间社会团体来调节，民间社团组织的出现改变了文化、体育领域单一的政府治理格局。也给市民的生活带了一定的影响，人们的兴趣活动超出了过去完全由单位所支配的格局，出现广阔的自由选择空间，这种自由结合的方式，扩大了人们社会联系的范围，丰富了人们的社会网络，将分属于不同单位、不同区域的人整合到一起，参与自己喜欢的活动。它作为调节和服务社会成员的利益需求的团体，越来越受到欢迎，也因此获得了较大的发展空间。

一定程度上讲，从会员们强烈的参与精神与志愿精神，获取资金的渠道主要是来自社会（自己的经济实体）而不是政府这些方面来看，民间社团组织表现出了一些西方社会社团组织所拥有的特征。

这些都表明我国民间社会在成长，社会成员的自主、自治意识在增强，随之，越来越多的民间发起的、自筹经费、自我管理的组织会逐渐增多，社团的自主、自治意识也会逐渐增强。

但是，进一步分析民间社团组织在面临外部环境的时候，为自己的生存和发展所采取的一系列策略发现，刚性的制度力量是民间社团组织无论采取何种策略都必须思考的问题，它所采取的策略都是在国家制度规定的范围内进行，在维护技术环境的过程中委婉地抗拒，还是要以社会的稳定为前提，可见如果制度的力量可以代表国家的话，那么从本书中应该可以看到国家与民间社团组织之间的关系。

从民间社团组织对待"国家"的策略，可以看到在一个"国家"占主导地位的社会中，民间社团组织试图利用种种手段来尝试改变它们与"国家"的关系，使之有利于自己发展。同时，民间社团组织认识到了与政府保持一致，取得政府的认可，是活动成功并取得良好效果必不可少的前提条件。在与政府进行互动的过程中，它只能扮演政府合作者的角色，它清楚地知道，只有选择这样做，才会和政府的关系和谐而利于自身的发展。改革开放 30 多年来，国家权威及其符号仍然在中国社会的各个领域发挥着巨大作用，政府对民间社团组织的态度如何直接影响着其运作的效果，所以民间社团组织首先要解决的问题就是合法性的获得问题，政府的认可是进行其他一切活动的基础。

另外，民间社团组织除了严格按照国家规定获取组织的合法性之外，还积极尝试利用国家控制的资源，比如采取"嵌入社区"寻求社区体育的资源，来寻求更高的组织目标。

但是，在民间社团组织与国家的关系中，国家还占有主导地位，从它对待国家的策略上，我们可以看到它对国家的依赖，以及由此产生的自我限制。事实上，这表明，民间社团组织构成的社会空间很大程度上依赖国家，它们还无法彻底摆脱国家而进行自我协调。

尽管如此，民间社团组织的生存发展策略或许可以揭示一个中国民间社会团体充分发展的可能之路，那就是主动地从国家的制度力量中寻找利于自身发展的因素，而不是被动地简单服从国家的制约，但又不能违背国家的力量，一切行动要以政治上正确、政策上允许、政府认可为前提，实际上是把握政府与民间的一种平衡。

正像王颖、孙丙耀所言："中国不会像西方某些国家一样，国家与社会对立，更大的可能性是，民主、自治的因素不断增加，但政府以新的连接方式将民间组织融入自己组织系统的整合方式，基本不会改变。"①

第三节　可能的贡献与不足

一　可能的贡献

（一）新的研究视角

以往的民间社团组织的研究大多是采取宏观层面的国家与社会关系的框架进行研究，还有少量的研究是从社团为社团内部成员和整个社会资本的增量角度进行的微观研究，中观层面上对社团进行组织分析的研究，大多是讨论组织的合法性问题或者合法化机制。

本书摒弃以往对民间社团组织研究所用的国家与社会关系这样的宏大叙事，采用一种组织社会学中新制度主义理论视角，把民间社团组织放在一个广阔的社会生态背景下去考察，试图去发现民间社团组织作为一个主体，面临外部制度环境和技术环境的情况下，采取了哪些行动策略，是如何生存和发展起来的。这样的视角一方面避免了宏大理论叙事远离特定的社会行为、社会组织和社会变迁而无法解释我们观察到的现象的弊端，另一方面避免了要么过于地方化要么倾向于简单的归纳的微观理论的弊端。

（二）新的实证材料

以往的研究多选取官办社团，或者是半官半民类社团，要么是游离于政府控制体制之外的没有获得合法登记的倡导性组织、维权组织等。本书选取的实证材料是这样的社团：结构上，是由民间发起成立，按照国家规定取得了社团法人资格，治理结构属于组织自主型，组织的重大决策和负责人产生都由组织自己决定，设置理事会。资金主要来源于会员缴纳的会费，为会员提供的有偿服务的收费，以及组织从社会其他渠道获取的资金，但绝对不依靠政府。从行动特征上看，它提供的是互益性的准公共物品，开展活动主要是

---

① 俞可平等：《中国公民社会的兴起与治理的变迁》，社会科学文献出版社 2002 年版，第 28 页。

为了满足会员的需要。行动的方式上，组织非常强调参与精神和志愿精神。

（三）理论意义和实践意义

本书理论价值表现在可以与西方的组织理论和经验研究展开对话和讨论，丰富本土化的民间组织研究，提供第一手的经验资料。实践意义表现在：SAMQ 是民间社团组织中比较典型的民间发起的，经费来源依靠自己而非政府，自主性的组织治理结构，强调参与精神和志愿精神的组织类型，对其生存发展中的行动策略进行深入研究，可以为其他同类社团的发展提供一定的借鉴，获得民间社团自身的生存规则。另外，通过把 H 市的民间组织放到更为广阔的社会生态中考察，去发现面对外部制度变化和技术环境的变化，民间社团组织自身采用何种策略去应对，由此，政府管理部门可以从这种学理化的分析中学会管理的柔性智慧。

二　存在的不足

民间社团组织的生存与发展某种程度上说是与环境中各方主体互动的结果，然而或者由于问题的敏感性，或者由于笔者收集资料能力的限制，并没有很好地收集到与民间社团组织相关的主体，比如政府在组织的制度环境和技术环境中所起的作用，以及面临社团的每一次行动政府的回应等反映沟通过程的材料，造成的结果就是过分关注民间社团组织作为行动主体自己的行动，而缺乏对社团与外界主体之间的生动的互动过程的关注。

附录 1

H 市民政局（批复）
关于同意 SAMQ 复查登记的批复
H 民社登（92）第 27 号

SAMQ：

你会关于要求复查登记的申请收悉。经查，你会已根据《社会团体登记管理条例》的有关规定及国办发〔1990〕32 号通知，完成清理整顿。现同意登记，发给社会团体法人登记证。

协会应遵守宪法和国家有关法律、法规，依照核准登记的章程进行活动，接受登记管理机关的监督和业务主管部门的业务指导、日常管理。

协会如变更名称、法定代表人、办事机构地址等，应按《社会团体登记管理条例》的有关规定变更登记手续。协会的重大活动应向登记管理机关和业务主管部门报告。

此复。

H 市民政局（红章）

一九九二年二月二十一日

抄送：H 市体育运动委员会

附录 2

有关政策文件

1. 社会团体登记管理条例（1989 年）
中华人民共和国国务院令（第 43 号）

第一章　总则

第一条　为保障公民的结社自由，保障社会团体的合法权益，加强对社会团体的管理，发挥社会团体在社会主义建设中的积极作用，制定本条例。

第二条　在中华人民共和国境内组织的协会、学会、联合会、研究会、基金会、联谊会、促进会、商会等社会团体，均应依照本条例的规定申请登记。社会团体经核准登记后，方可进行活动。但是，法律、行政法规另有规定的除外。

第三条　社会团体必须遵守宪法和法律、法规，维护国家的统一和民族的团结，不得损害国家的、社会的、集体的利益和其他公民的合法的自由和权利。

第四条　社会团体不得从事以营利为目的的经营性活动。

第五条　国家保护社会团体依照其登记的章程进行活动，其他任何组织和个人不得非法干涉。

第六条　社会团体的登记管理机关是中华人民共和国民政部和县级以上地方各级民政部门。

社会团体的业务活动受有关业务主管部门的指导。

第二章　管辖

第七条　成立全国性的社会团体，向民政部申请登记。成立地方性的社会团体，向其办事机构所在地相应的民政部门申请登记。成立跨行政区域的社会团体，向所跨行政区域的共同上一级民政部门申请登记。

第八条　有关业务主管部门和登记管理机关应当对经核准登记的社会团体负责日常管理。

登记管理机关与其核准登记的社会团体的办事机构不在同一行政区域的，可以委托该社会团体办事机构所在地的登记管理机关负责日常管理。

第三章　成立登记

第九条　申请成立社会团体，应当经过有关业务主管部门审查同意后，向登记管理机关申请登记。

第十条　申请成立社会团体，应当向登记管理机关提交下列材料：

（一）负责人签署的登记申请书；

（二）有关业务主管部门的审查文件；

（三）社会团体的章程；

（四）办事机构地址或者联络地址；

（五）负责人的姓名、年龄、住址、职业及简历；

（六）成员数额。

第十一条　社会团体的章程应当载明下列事项：

（一）名称；

（二）宗旨；

（三）经费来源；

（四）组织机构；

（五）负责人产生的程序和职权范围；

（六）章程的修改程序；

（七）社会团体的终止程序；

（八）其他必要事项。

第十二条 社会团体具备法人条件的，经核准登记后，取得法人资格。

全国性社会团体必须具备法人条件。

第十三条 登记管理机关在受理申请后三十日内，应当以书面形式作出核准登记或者不予登记的答复。

第十四条 经核准登记的社会团体，发给社会团体登记证书：对具备法人条件的，发给社会团体法人登记证；对不具备法人条件的，发给社会团体登记证。

经核准登记的社会团体法人，由登记管理机关在报刊上公告。

第十五条 申请人对于地方各级民政部门不予登记不服的，在接到书面答复后的十日内，可以向上一级民政部门请求复议。上一级民政部门在接到复议请求后，应当在三十日内作出书面答复，并报本级人民政府备案。

申请人对于民政部不予登记不服的，在接到书面答复后的十日内，可以向民政部请求复议。民政部在接到复议请求后，应当在三十日内作出书面答复，并报国务院备案。

第十六条 社会团体的名称，应当与社会团体的业条范围、成员分布、活动地域相一致。

非全国性社会团体的名称不得冠以"中国"、"全国"、"中华"等字样。

在同一行政区域内不得重复成立相同或者相似的社会团体。

第十七条 社会团体凭社会团体登记证书，可以按照有关规定刻制印章和开立银行账户。

社会团体应当将启用的印章和制发的会员证样式报送登记管理机关备案。

第十八条 社会团体登记证书不得涂改、转让、出借。

社会团体登记证书遗失的，应当及时声明作废，并向登记管理机关申请补发。

第四章 变更登记、注销登记

第十九条 社会团体的变更或者注销，应当经过有关业务主管部门审查同意后，向登记管理机关申请登记。

第二十条　社会团体改变名称、法定代表人或者负责人、办事机构地址或者联络地址，应当在改变后的十日内向原登记管理机关办理变更登记。

第二十一条　社会团体改变宗旨，或者由于其他变更造成与原登记管理机关管辖范围不一致的，应当到原登记管理机关办理注销登记，交回社会团体登记证书和印章，并依照本条例第三章的规定到相应的登记管理机关办理成立登记。

第二十二条　社会团体自行解散的，应当向原登记管理机关申请注销登记。办理注销登记须提交其法定代表人或者负责人签署的注销登记申请书，有关业务主管部门的审查文件和清理债务完结的证明。登记管理机关核准后，收缴社会团体登记证书和印章。社会团体法人在注销登记后，由登记管理机关在报刊上公告。

第五章　监督管理

第二十三条　登记管理机关对社会团体行使下列监督管理职责：

（一）监督社会团体遵守宪法和法律；

（二）监督社会团体依照本条例的规定，履行登记手续；

（三）监督社会团体依照登记的章程进行活动。

第二十四条　登记管理机关对社会团体实行年度检查制度。社会团体应当于每年第一季度向登记管理机关提交上一年度的年检报告和有关材料。

第二十五条　社会团体违反本条例的规定有下列情形之一的，登记管理机关可以根据情节轻重分别予以警告、停止活动、撤销登记、依法取缔的处罚：

（一）登记中隐瞒真实情况、弄虚作假的；

（二）涂改、转让、出借社会团体登记证书的；

（三）从事以营利为目的的经营性活动的；

（四）违反章程规定的宗旨进行活动的；

（五）从事危害国家利益的活动的。

予以撤销登记、依法取缔的处罚，由登记管理机关公布。

第二十六条　未经核准登记擅自以社会团体名义进行活动不听劝阻的，由民政部门命令解散。

第二十七条　登记管理机关处理社会团体的违法行为，必须查明事实，依法办理，并将处理决定书面通知社会团体法定代表人或者负责人。

第二十八条　社会团体对于地方各级民政部门作出的处罚决定不服的，其法定代表人或者负责人可以在接到处罚决定书后十日内，向上一级民政部门申请复议；上一级民政部门应当在接到申请复议书之日起三十日内作出复议决定。

社会团体对于民政部作出的处罚决定不服的，按照前款规定的期限由民政部复议。

第六章　附则

第二十九条　本条例施行前成立的社会团体尚未登记的，应当在本条例施行之日起一年内，依照本条例的规定申请登记；已经登记的，应当办理换证手续。

第三十条　非中国公民和在境外的中国公民在中国境内成立社会团体的登记管理办法，另行规定。

第三十一条　本条例由民政部负责解释。

第三十二条　本条例自发布之日起施行。一九五〇年十月十九日中央人民政府政务院公布的《社会团体登记暂行办法》同时废止。

2. 民政部、国家工商行政管理局关于
社会团体开展经营活动有关问题的通知
民社发〔1995〕14 号

各省、自治区、直辖市民政厅（局）、各计划单列市民政局、工商行政管理局：

为促进社会公益事业的发展，加强对社会团体从事经营活动的

管理，现就社会团体开展经济活动的有关问题通知如下：

一、本通知适用于经社会团体登记管理机关核准登记的社会团体（基金会除外）。

二、开展经营活动的社会团体，必须具有社团法人资格。不具备法人资格的社会团体，不得开展经营活动。

三、社会团体开展经营活动，可以投资设立企业法人，也可以设立非法人的经营机构，但不得以社会团体自身的名义进行经营活动。社会团体从事经营活动，必须经工商行政管理部门登记注册，并领取《企业法人营业执照》或《营业执照》。

四、社会团体申请营业登记，其经营范围应与社会团体设立的宗旨相适应；申请企业法人登记，其经营范围应符合国家有关规定。

五、社会团体设立的非法人经营机构，其所得的当年税后利润，应全部返还给所从属的社会团体；社会团体投资设立的有限责任公司和股份有限公司，其利润分配，应按《中华人民共和国公司法》规定的有关条款执行；社会团体独资设立的企业法人，应在企业章程中明确载明其宗旨是为该社会团体的事业发展服务，其返还给该社会团体的当年税后利润，应当符合国家的有关规定。

六、社会团体所办非公司企业的经济性质，根据投资来源依法核定。

七、社会团体投资设立企业法人的程序，依照有关企业法人登记管理法规办理，登记注册后，必须及时向社团登记管理机关备案。

八、社会团体及其所办企业法人不得接受其他经济组织的挂靠。对于违反本条规定的，工商行政管理部门应根据有关情况，依照《中华人民共和国公司登记管理条例》第五十九、六十、六十九条及《中华人民共和国企业法人登记管理条例实施细则》第六十六条第一款第（二）、（六）项、第六十七条和其他有关规定处理。

九、社会团体要按照有关规定加强对所投资设立的企业法人和非法人经营机构财务的管理与监督。上述企业和经营机构要建立健全财务会计制度，并接受所从属的社会团体及有关方面的财务监督。

十、本通知由民政部、国家工商行政管理局共同解释。

十一、本通知自下发之日起执行。

一九九五年七月十日

3. 社会团体登记管理条例（1998 年）

中华人民共和国国务院令（第 250 号）

第一章　总则

第一条　为了保障公民的结社自由，维护社会团体的合法权益，加强对社会团体的登记管理，促进社会主义物质文明、精神文明建设，制定本条例。

第二条　本条例所称社会团体，是指中国公民自愿组成，为实现会员共同意愿，按照其章程开展活动的非营利性社会组织。

国家机关以外的组织可以作为单位会员加入社会团体。

第三条　成立社会团体，应当经其业务主管单位审查同意，并依照本条例的规定进行登记。

社会团体应当具备法人条件。

下列团体不属于本条例规定登记的范围：

（一）参加中国人民政治协商会议的人民团体；

（二）由国务院机构编制管理机关核定，并经国务院批准免于登记的团体；

（三）机关、团体、企业事业单位内部经本单位批准成立、在本单位内部活动的团体。

第四条　社会团体必须遵守宪法、法律、法规和国家政策，不得反对宪法确定的基本原则，不得危害国家的统一、安全和民族的团结，不得损害国家利益、社会公共利益以及其他组织和公民的合法权益，不得违背社会道德风尚。

社会团体不得从事营利性经营活动。

第五条　国家保护社会团体依照法律、法规及其章程开展活动，任何组织和个人不得非法干涉。

第六条　国务院民政部门和县级以上地方各级人民政府民政部门是本级人民政府的社会团体登记管理机关（以下简称登记管理机关）。

国务院有关部门和县级以上地方各级人民政府有关部门、国务院或者县级以上地方各级人民政府授权的组织，是有关行业、学科或者业务范围内社会团体的业务主管单位（以下简称业务主管单位）。

法律、行政法规对社会团体的监督管理另有规定的，依照有关法律、行政法规的规定执行。

第二章　管辖

第七条　全国性的社会团体，由国务院的登记管理机关负责登记管理；地方性的社会团体，由所在地人民政府的登记管理机关负责登记管理；跨行政区域的社会团体，由所跨行政区域的共同上一级人民政府的登记管理机关负责登记管理。

第八条　登记管理机关、业务主管单位与其管辖的社会团体的住所不在一地的，可以委托社会团体住所地的登记管理机关、业务主管单位负责委托范围内的监督管理工作。

第三章　成立登记

第九条　申请成立社会团体，应当经其业务主管单位审查同意，由发起人向登记管理机关申请筹备。

第十条　成立社会团体，应当具备下列条件：

（一）有 50 个以上的个人会员或者 30 个以上的单位会员；个人会员、单位会员混合组成的，会员总数不得少于 50 个；

（二）有规范的名称和相应的组织机构；

（三）有固定的住所；

（四）有与其业务活动相适应的专职工作人员；

（五）有合法的资产和经费来源，全国性的社会团体有 10 万元以上活动资金，地方性的社会团体和跨行政区域的社会团体有 3 万元以上活动资金；

（六）有独立承担民事责任的能力。

社会团体的名称应当符合法律、法规的规定，不得违背社会道德风尚。社会团体的名称应当与其业务范围、成员分布、活动地域相一致，准确反映其特征。全国性的社会团体的名称冠以"中国"、"全国"、"中华"等字样的，应当按照国家有关规定经过批准，地方性的社会团体的名称不得冠以"中国"、"全国"、"中华"等字样。

第十一条　申请筹备成立社会团体，发起人应当向登记管理机关提交下列文件：

（一）筹备申请书；

（二）业务主管单位的批准文件；

（三）验资报告、场所使用权证明；

（四）发起人和拟任负责人的基本情况、身份证明；

（五）章程草案。

第十二条　登记管理机关应当自收到本条例第十一条所列全部有效文件之日起 60 日内，作出批准或者不批准筹备的决定；不批准的，应当向发起人说明理由。

第十三条　有下列情形之一的，登记管理机关不予批准筹备：

（一）有根据证明申请筹备的社会团体的宗旨、业务范围不符合本条例第四条的规定的；

（二）在同一行政区域内已有业务范围相同或者相似的社会团体，没有必要成立的；

（三）发起人、拟任负责人正在或者曾经受到剥夺政治权利的刑事处罚，或者不具有完全民事行为能力的；

（四）在申请筹备时弄虚作假的；

（五）有法律、行政法规禁止的其他情形的。

第十四条　筹备成立的社会团体，应当自登记管理机关批准筹备之日起 6 个月内召开会员大会或者会员代表大会，通过章程，产生执行机构、负责人和法定代表人，并向登记管理机关申请成立登记。筹备期间不得开展筹备以外的活动。

社会团体的法定代表人，不得同时担任其他社会团体的法定代表人。

第十五条 社会团体的章程应当包括下列事项：

（一）名称、住所；

（二）宗旨、业务范围和活动地域；

（三）会员资格及其权利、义务；

（四）民主的组织管理制度，执行机构的产生程序；

（五）负责人的条件和产生、罢免的程序；

（六）资产管理和使用的原则；

（七）章程的修改程序；

（八）终止程序和终止后资产的处理；

（九）应当由章程规定的其他事项。

第十六条 登记管理机关应当自收到完成筹备工作的社会团体的登记申请书及有关文件之日起 30 日内完成审查工作。对没有本条例第十三条所列情形，且筹备工作符合要求、章程内容完备的社会团体，准予登记，发给《社会团体法人登记证书》。登记事项包括：

（一）名称；

（二）住所；

（三）宗旨、业务范围和活动地域；

（四）法定代表人；

（五）活动资金；

（六）业务主管单位。

对不予登记的，应当将不予登记的决定通知申请人。

第十七条 依照法律规定，自批准成立之日起即具有法人资格的社会团体，应当自批准成立之日起 60 日内向登记管理机关备案。登记管理机关自收到备案文件之日起 30 日内发给《社会团体法人登记证书》。

社会团体备案事项，除本条例第十六条所列事项外，还应当包括业务主管单位依法出具的批准文件。

第十八条 社会团体凭《社会团体法人登记证书》申请刻制印

章，开立银行账户。社会团体应当将印章式样和银行账号报登记管理机关备案。

第十九条 社会团体成立后拟设立分支机构、代表机构的，应当经业务主管单位审查同意，向登记管理机关提交有关分支机构、代表机构的名称、业务范围、场所和主要负责人等情况的文件，申请登记。

社会团体的分支机构、代表机构是社会团体的组成部分，不具有法人资格，应当按照其所属的社会团体的章程所规定的宗旨和业务范围，在该社会团体授权的范围内开展活动、发展会员。社会团体的分支机构不得再设立分支机构。

社会团体不得设立地域性的分支机构。

第四章 变更登记、注销登记

第二十条 社会团体的登记事项、备案事项需要变更的，应当自业务主管单位审查同意之日起 30 日内，向登记管理机关申请变更登记、变更备案（以下统称变更登记）。

社会团体修改章程，应当自业务主管单位审查同意之日起 30 日内，报登记管理机关核准。

第二十一条 社会团体有下列情形之一的，应当在业务主管单位审查同意后，向登记管理机关申请注销登记、注销备案（以下统称注销登记）：

（一）完成社会团体章程规定的宗旨的；

（二）自行解散的；

（三）分立、合并的；

（四）由于其他原因终止的。

第二十二条 社会团体在办理注销登记前，应当在业务主管单位及其他有关机关的指导下，成立清算组织，完成清算工作。清算期间，社会团体不得开展清算以外的活动。

第二十三条 社会团体应当自清算结束之日起 15 日内向登记管理机关办理注销登记。办理注销登记，应当提交法定代表人签署的注销登记申请书、业务主管单位的审查文件和清算报告书。

　　登记管理机关准予注销登记的，发给注销证明文件，收缴该社会团体的登记证书、印章和财务凭证。

　　第二十四条　社会团体撤销其所属分支机构、代表机构的，经业务主管单位审查同意后，办理注销手续。

　　社会团体注销的，其所属分支机构、代表机构同时注销。

　　第二十五条　社会团体处分注销后的剩余财产，按照国家有关规定办理。

　　第二十六条　社会团体成立、注销或者变更名称、住所、法定代表人，由登记管理机关予以公告。

第五章　监督管理

　　第二十七条　登记管理机关履行下列监督管理职责：

　　（一）负责社会团体的成立、变更、注销的登记或者备案；

　　（二）对社会团体实施年度检查；

　　（三）对社会团体违反本条例的问题进行监督检查，对社会团体违反本条例的行为给予行政处罚。

　　第二十八条　业务主管单位履行下列监督管理职责：

　　（一）负责社会团体筹备申请、成立登记、变更登记、注销登记前的审查；

　　（二）监督、指导社会团体遵守宪法、法律、法规和国家政策，依据其章程开展活动；

　　（三）负责社会团体年度检查的初审；

　　（四）协助登记管理机关和其他有关部门查处社会团体的违法行为；

　　（五）会同有关机关指导社会团体的清算事宜。

　　业务主管单位履行前款规定的职责，不得向社会团体收取费用。

　　第二十九条　社会团体的资产来源必须合法，任何单位和个人不得侵占、私分或者挪用社会团体的资产。

　　社会团体的经费，以及开展章程规定的活动按照国家有关规定所取得的合法收入，必须用于章程规定的业务活动，不得在会员中分配。

社会团体接受捐赠、资助，必须符合章程规定的宗旨和业务范围，必须根据与捐赠人、资助人约定的期限、方式和合法用途使用。社会团体应当向业务主管单位报告接受、使用捐赠、资助的有关情况，并应当将有关情况以适当方式向社会公布。

社会团体专职工作人员的工资和保险福利待遇，参照国家对事业单位的有关规定执行。

第三十条　社会团体必须执行国家规定的财务管理制度，接受财政部门的监督；资产来源属于国家拨款或者社会捐赠、资助的，还应当接受审计机关的监督。

社会团体在换届或者更换法定代表人之前，登记管理机关、业务主管单位应当组织对其进行财务审计。

第三十一条　社会团体应当于每年 3 月 31 日前向业务主管单位报送上一年度的工作报告，经业务主管单位初审同意后，于 5 月 31 日前报送登记管理机关，接受年度检查。工作报告的内容包括：本社会团体遵守法律法规和国家政策的情况，依照本条例履行登记手续的情况，按照章程开展活动的情况，人员和机构变动的情况以及财务管理的情况。

对于依照本条例第十七条的规定发给《社会团体法人登记证书》的社会团体，登记管理机关对其应当简化年度检查的内容。

第六章　罚则

第三十二条　社会团体在申请登记时弄虚作假，骗取登记的，或者自取得《社会团体法人登记证书》之日起 1 年未开展活动的，由登记管理机关予以撤销登记。

第三十三条　社会团体有下列情形之一的，由登记管理机关给予警告，责令改正，可以限期停止活动，并可以责令撤换直接负责的主管人员；情节严重的，予以撤销登记；构成犯罪的，依法追究刑事责任：

（一）涂改、出租、出借《社会团体法人登记证书》，或者出租、出借社会团体印章的；

（二）超出章程规定的宗旨和业务范围进行活动的；

（三）拒不接受或者不按照规定接受监督检查的；

（四）不按照规定办理变更登记的；

（五）擅自设立分支机构、代表机构，或者对分支机构、代表机构疏于管理，造成严重后果的；

（六）从事营利性的经营活动的；

（七）侵占、私分、挪用社会团体资产或者所接受的捐赠、资助的；

（八）违反国家有关规定收取费用、筹集资金或者接受、使用捐赠、资助的。

前款规定的行为有违法经营额或者违法所得的，予以没收，可以并处违法经营额 1 倍以上 3 倍以下或者违法所得 3 倍以上 5 倍以下的罚款。

第三十四条　社会团体的活动违反其他法律、法规的，由有关国家机关依法处理；有关国家机关认为应当撤销登记的，由登记管理机关撤销登记。

第三十五条　未经批准，擅自开展社会团体筹备活动，或者未经登记，擅自以社会团体名义进行活动，以及被撤销登记的社会团体继续以社会团体名义进行活动的，由登记管理机关予以取缔，没收非法财产；构成犯罪的，依法追究刑事责任；尚不构成犯罪的，依法给予治安管理处罚。

第三十六条　社会团体被责令限期停止活动的，由登记管理机关封存《社会团体法人登记证书》、印章和财务凭证。

社会团体被撤销登记的，由登记管理机关收缴《社会团体法人登记证书》和印章。

第三十七条　登记管理机关、业务主管单位的工作人员滥用职权、徇私舞弊、玩忽职守构成犯罪的，依法追究刑事责任；尚不构成犯罪的，依法给予行政处分。

第七章　附则

第三十八条　《社会团体法人登记证书》的式样由国务院民政

部门制定。

对社会团体进行年度检查不得收取费用。

第三十九条　本条例施行前已经成立的社会团体，应当自本条例施行之日起1年内依照本条例有关规定申请重新登记。

第四十条　本条例自发布之日起施行。1989年10月25日国务院发布的《社会团体登记管理条例》同时废止。

4. 中共中央办公厅、国务院办公厅关于进一步加强民间组织管理工作的通知
中办发〔1999〕34号

各省、自治区、直辖市党委和人民政府，各大军区党委，中央和国家机关各部委，军委各总部、各军兵种党委，各人民团体：

改革开放以来，我国各类民间组织发展迅速，涉及社会生活的诸多方面，已成为对我国政治、经济、文化等领域有重要影响的社会组织。党中央、国务院高度重视民间组织的发展与管理工作，近几年采取了一系列措施，取得了显著成效。目前，我国社会团体经过前一阶段的清理整顿，总数为16.5万多个，虽然数量比1996年的20多万个有所减少，但质量有所提高；民办非企业单位开始纳入法制化管理轨道。从总体上看，我国民间组织发展是健康的，作为党和政府联系群众的桥梁和纽带，在社会主义精神文明和物质文明建设中正发挥着越来越广泛的积极作用。

但是，应当清醒地看到，目前我国民间组织的发展和管理工作仍存在不少值得注意的问题。主要是：有些地方和部门的领导对民间组织管理工作没有引起足够重视，登记管理机关和业务主管单位双重负责的管理体制未能得到有效落实，行政管理力量严重不足，有关法律法规尚不健全。各类民间组织结构不够合理。民间组织的自律机制尚未普遍建立，无章可循、有章不循，甚至违法违纪现象时有发生。民间组织中尚未普遍建立党的组织。特别值得注意的是，最近一段时间，又出现了一些新情况，暴露出一些新问题：

——西方敌对势力利用民间组织同我进行"合法"斗争。他们往往以民间组织的身份出现，以学术研究或慈善捐赠为掩护，以资助、合作为手段，对我实施"西化"、"分化"战略。1998 年 9 月以来，受境外敌对势力的操纵，国内一些敌对分子有组织、有预谋地公然成立"中国发展联合会"等一批以反对四项基本原则为目的的民间组织，制定并实施反动的政治纲领，宣称要上台、要执政，气焰十分嚣张。

——非法民间组织增多，活动猖獗。1999 年上半年，仅北京市就发现非法民间组织 35 个，比 1998 年同期增长 23%。这些非法民间组织活动隐蔽，有很大的破坏性。有的在政治、经济、宗教、民族等领域进行破坏活动；有的利用我国改革过程中尚待解决的敏感问题，策划成立"下岗工人协会"、"退伍军人协会"、"打工者协会"等组织，企图制造事端；有的采取境外注册、境内活动的方式与我斗争。一些非法民间组织有相当复杂的国际背景。

——气功组织泛滥。据不完全统计，仅在全国各级民政部门登记的气功类社会团体就达 1760 多个，涉及近百个气功功法；一些人打着气功健身的幌子搞愚昧迷信、诈骗钱财，甚至进行反政府、反人类、反科学的活动。"法轮大法研究会"及其操纵的"法轮功"组织就是一个突出的例子。

——外国人在华和港澳台人士在内地擅自设立民间组织。不少地方出现了外国人和港澳台人士设立的联合会、基金会、俱乐部、同盟会以及境外民间组织的分会。这些组织不仅在当地异常活跃，有的还跨地区发展会员，从事非法活动，对我国进行渗透、破坏。

为了进一步加强我国民间组织的管理工作，经党中央、国务院同意，现提出以下要求：

一　统一思想，提高全党对加强民间组织管理工作重大意义的认识

民间组织管理、引导得好，其积极作用就会得到充分发挥；反之，则会带来消极甚至破坏作用。依法加强对民间组织的管理，是建设社会主义现代化强国的重要组成部分，是落实党的十五大提出的依法治国、建设社会主义法治国家基本方略的重要内容，是摆在我们面前的一项紧迫而艰巨的任务。对待民间组织，不能片面追求数量，重要的是看质量，看它能否发挥积极的社会作用。这就迫切需要对其加强引导和管理。今后，我国民间组织管理工作的重心要放在提高民间组织的整体素质上，监督管理工作任何时候都不能放松。当前，要注意抓好打击敌对非法民间组织的工作。那些以反对四项基本原则为目的的非法组织对我国社会政治稳定构成了重大隐患，危害极大。同他们的斗争，是严肃的政治斗争，关系到党的命运，关系到社会主义的成败，关系到人民群众的根本利益。我们必须认真对待，不断增强政治责任感和敏锐性，充分认识这一斗争的重要性、长期性和复杂性，时刻警惕国内外敌对势力的渗透、颠覆和分裂活动，防微杜渐，堵塞漏洞，全力维护好社会政治稳定，决不能掉以轻心。对加强民间组织管理工作，要实行领导负责制。各地区、各部门要不断提高认识，齐抓共管，确保民间组织健康发展。

二　认真落实双重负责的管理体制，进一步加大管理力度

《中共中央办公厅、国务院办公厅关于加强社会团体和民办非企业单位管理工作的通知》（中办发〔1996〕22号）中明确规定，对民间组织实行业务主管单位和登记管理机关双重负责的管理体制。这一管理体制是加强民间组织管理工作的核心内容，必须切实予以落实。业务主管单位应对民间组织的申请登记、思想政治工作、党的建设、财务和人事管理、研讨活动、对外交往、接受境外捐赠资助、按章程开展活动等事项切实负起责任。登记管理机关要依法开展民间组织的登记审批工作，研究制定有关政策规定并组织实施，指导和检查监督民间组织的各项活动，依法查处违法违纪行为。在上述哪个方面出了问题，除视情节追究民间组织负责人的责任外，还要根据职责分工，分别追究业务主管单位和登记管理机关主要领导的责任。要严格把好登记审批关，登记管理机关必须坚持登记标准，严格按登记程序办理登记审批手续。各级党政领导干部要讲政治，不能徇私情，干预登记管理机关的审批工作。除《社会

团体登记管理条例》（国务院令第 250 号）明确规定可以免予登记的社会团体以外，所有民间组织都必须依法由民政部门统一登记，其他任何部门无权登记、颁发证书。无论哪个单位违反上述规定，都要追究其负责人的责任。机关、团体、企事业单位经本单位批准成立的内部团体，不得在社会上活动。对社会团体清理整顿工作要继续抓紧抓细，要对社会团体设立的分支机构、代表机构进行全面清理，社会团体不得设立地域性的分支机构。各地民政部门要严格控制业务宽泛、不易界定的民间组织，禁止设立气功功法类、特定群体（退伍军人、下岗待业人员、打工者等）类、宗族类和不利于民族团结的民间组织以及与国家法律法规相悖的民间组织。通过登记手段，对民间组织的结构和总量进行有效调控，确保民间组织与当地经济和社会协调发展，维护社会政治稳定。目前，要加强业务主管单位和登记管理机关的力量以适应民间组织管理工作的需要。各级党委和政府对此要予以足够重视。在机构改革中，要加强民间组织管理力量，根据工作任务和性质核定编制，选派政治强、素质好、作风正的优秀干部充实民间组织管理队伍，做到有职能、有岗位、有专人，切实履行管理职责。要核拨必要的业务经费，尤其要保证办案经费。

三　加快法制建设，完善民间组织管理的法律法规体系

要抓紧研究起草规范外国人在华和港澳台人士在内地设立民间组织的法规，力争早日发布实施；尽快修订《基金会管理办法》。各地可根据实际情况，制定《社会团体登记管理条例》（国务院令第 250 号）和《民办非企业单位登记管理暂行条例》（国务院令第 251 号）的实施办法。民政部门要会同有关部门尽快研究起草或制定和完善关于民间组织的人事管理、税收、财务、会计、票据、用工、工资和员工社会保障等规章，确保民间组织管理工作有法可依。

四　强化民间组织的自律机制，提高我国民间组织的整体素质

民间组织要建立健全以章程为主的民主决策制度、财务管理制

度、考核奖惩制度、重大事项报告制度和接受捐赠公示制度。业务主管单位和登记管理机关要实行严格的章程审核制度，监督民间组织按照核定的章程和业务范围开展活动，加强对民间组织的年度检查，建立举报制度，发挥新闻舆论的监督作用。严禁民间组织之间建立垂直领导或变相垂直领导关系和组织网络系统。要责令内部制度不健全的民间组织进行整改；对违反章程、损害会员利益、违法违纪的民间组织，登记管理机关要依法处罚，从而帮助和督促民间组织进行自我约束、自我管理。

五 规范民间组织涉外交往活动

民间组织在涉外交往活动中要严格遵守国家的有关法律法规和政策，不得吸纳境外民间组织为单位会员，原则上不推选或聘请境外人士担任实职性领导职务（会长、副会长和秘书长），确需吸收少量境外人士为个人会员或担任名誉性职务的，由业务主管单位按有关规定审批，并报登记管理机关备案。党员、干部如确需以个人身份应邀加入境外专业、学术性团体或担任该团体有关职务的，按干部管理权限和有关规定审批。民间组织应邀以单位会员名义加入境外民间组织，必须报业务主管单位批准。确因工作需要在境外设立代表机构的，必须报业务主管单位和登记管理机关批准。内地民间组织与香港民间组织交往，按《中共中央办公厅、国务院办公厅关于转发〈国务院港澳事务办公室关于处理内地与香港民间交往有关问题的意见〉的通知》（厅字〔1999〕9号）执行。

六 严厉打击非法民间组织的违法犯罪活动，维护社会政治稳定

及时查处和打击非法民间组织，是一项十分敏感的工作，既要坚决果断，又要注意政策。对未经登记擅自以民间组织名义进行活动的，或者被撤销登记的民间组织继续以民间组织名义进行活动的，由登记管理机关予以取缔，没收非法财产；构成犯罪的，要依法追究刑事责任；尚不构成犯罪的违法行为，要依法给予治安管理处罚。对那些以反对四项基本原则为目的、危害国家安全和社会稳

定的敌对非法民间组织，要重点进行打击。打击敌对非法民间组织
的破坏活动，要依法从严从快，力争消除在萌芽阶段。对组织、策
划破坏活动的首要分子和骨干，触犯刑律的要坚决依法追究刑事责
任。对为非法民间组织提供支持、资助和便利条件的部门和单位，
要追究其主要领导人的责任。对非法民间组织的查处，要坚持属地
管辖的原则。各有关部门要按照职能分工，各司其职，各负其责，
紧密配合，充分发挥整体打击优势。

七　切实加强领导，保证民间组织正确的政治方向

民间组织能否健康发展，关键在于领导。各级党委和政府不
仅要把民间组织的发展作为转变政府职能的一个重要手段和内容，
而且要将民间组织管理工作作为党和政府的一项重要工作提到议
事日程，全面规划，统筹安排，综合协调。领导同志要亲自抓，
经常听取民政部门的工作汇报，掌握民间组织发展和管理的动态，
及时研究、解决工作中出现的问题。要重视和加强民间组织中党
组织的建设。各级党委和各业务主管单位党组织要切实加强对民
间组织中党组织建设工作的领导，充分发挥党组织和党员在民间
组织中的作用，保证党和国家的各项方针政策在民间组织中贯彻
执行，保证民间组织坚持正确的政治方向。各地区、各部门要认
真执行中央组织部、民政部《关于在社会团体中建立党组织有关
问题的通知》（组通字〔1998〕6号）精神。民间组织（特定组
织除外）常设机构专职工作人员和长期兼职人员中，凡是有正式
党员 3 人以上的，2000 年 6 月 30 日以前都必须建立起党的组织。
要切实加强思想政治工作，教育民间组织内的党员自觉遵守党的
纪律，认真贯彻党的路线、方针和政策，在重大原则问题上要立
场坚定，充分发挥党员的先锋模范作用和基层党组织的战斗堡垒
作用。

各省、自治区、直辖市，中央和国家机关有关部门要结合实际
制定贯彻本通知的具体办法，并于年底前将贯彻落实情况报党中
央、国务院。

5. 中华人民共和国体育法

（1995 年 8 月 29 日第八届全国人民代表大会常务委员会第十五次会议通过　1995 年 8 月 29 日中华人民共和国主席令第五十五号公布　自 1995 年 10 月 1 日起施行）

第一章　总　则

第一条　为了发展体育事业，增强人民体质，提高体育运动水平，促进社会主义物质文明和精神文明建设，根据宪法，制定本法。

第二条　国家发展体育事业，开展群众性的体育活动，提高全民族身体素质。体育工作坚持以开展全民健身活动为基础，实行普及与提高相结合，促进各类体育协调发展。

第三条　国家坚持体育为经济建设、国防建设和社会发展服务。体育事业应当纳入国民经济和社会发展计划。国家推进体育管理体制改革。国家鼓励企业事业组织、社会团体和公民兴办和支持体育事业。

第四条　国务院体育行政部门主管全国体育工作。国务院其他有关部门在各自的职权范围内管理体育工作。县级以上地方各级人民政府体育行政部门或者本级人民政府授权的机构主管本行政区域内的体育工作。

第五条　国家对青年、少年、儿童的体育活动给予特别保障，增进青年、少年、儿童的身心健康。

第六条　国家扶持少数民族地区发展体育事业，培养少数民族体育人才。

第七条　国家发展体育教育和体育科学研究，推广先进、实用的体育科学技术成果，依靠科学技术发展体育事业。

第八条　国家对在体育事业中做出贡献的组织和个人，给予奖励。

第九条 国家鼓励开展对外体育交往。对外体育交往坚持独立自主、平等互利、相互尊重的原则，维护国家主权和尊严，遵守中华人民共和国缔结或者参加的国际条约。

第二章 社会体育

第十条 国家提倡公民参加社会体育活动，增进身心健康。社会体育活动应当坚持业余、自愿、小型多样，遵循因地制宜和科学文明的原则。

第十一条 国家推行全民健身计划，实施体育锻炼标准，进行体质监测。国家实行社会体育指导员技术等级制度。社会体育指导员对社会体育活动进行指导。

第十二条 地方各级人民政府应当为公民参加社会体育活动创造必要的条件，支持、扶助群众性体育活动的开展。城市应当发挥居民委员会等社区基层组织的作用，组织居民开展体育活动。农村应当发挥村民委员会、基层文化体育组织的作用，开展适合农村特点的体育活动。

第十三条 国家机关、企业事业组织应当开展多种形式的体育活动，举办群众性体育竞赛。

第十四条 工会等社会团体应当根据各自特点，组织体育活动。

第十五条 国家鼓励、支持民族、民间传统体育项目的发掘、整理和提高。

第十六条 全社会应当关心、支持老年人、残疾人参加体育活动。各级人民政府应当采取措施，为老年人、残疾人参加体育活动提供方便。

第三章 学校体育

第十七条 教育行政部门和学校应当将体育作为学校教育的组成部分，培养德、智、体等方面全面发展的人才。

第十八条 学校必须开设体育课，并将体育课列为考核学生学业成绩的科目。学校应当创造条件为病残学生组织适合其特点的体育活动。

第十九条　学校必须实施国家体育锻炼标准，对学生在校期间每天用于体育活动的时间给予保证。

第二十条　学校应当组织多种形式的课外体育活动，开展课外训练和体育竞赛，并根据条件每学年举行一次全校性的体育运动会。

第二十一条　学校应当按照国家有关规定，配备合格的体育教师，保障体育教师享受与其工作特点有关的待遇。

第二十二条　学校应当按照国务院教育行政部门规定的标准配置体育场地、设施和器材。学校体育场地必须用于体育活动，不得挪作他用。

第二十三条　学校应当建立学生体格健康检查制度。教育、体育和卫生行政部门应当加强对学生体质的监测。

第四章　竞技体育

第二十四条　国家促进竞技体育发展，鼓励运动员提高体育运动技术水平，在体育竞赛中创造优异成绩，为国家争取荣誉。

第二十五条　国家鼓励、支持开展业余体育训练，培养优秀的体育后备人才。

第二十六条　参加国内、国际重大体育竞赛的运动员和运动队，应当按照公平、择优的原则选拔和组建。具体办法由国务院体育行政部门规定。

第二十七条　培养运动员必须实行严格、科学、文明的训练和管理，对运动员进行爱国主义、集体主义和社会主义教育，以及道德和纪律教育。

第二十八条　国家对优秀运动员在就业或者升学方面给予优待。

第二十九条　全国性的单项体育协会对本项目的运动员实行注册管理。经注册的运动员，可以根据国务院体育行政部门的规定，参加有关的体育竞赛和运动队之间的人员流动。

第三十条　国家实行运动员技术等级、裁判员技术等级和教练员专业技术职务等级制度。

第三十一条　国家对体育竞赛实行分级分类管理。全国综合性运动会由国务院体育行政部门管理或者由国务院体育行政部门会同有关组织管理。全国单项体育竞赛由该项运动的全国性协会负责管理。地方综合性运动会和地方单项体育竞赛的管理办法由地方人民政府制定。

第三十二条　国家实行体育竞赛全国纪录审批制度。全国纪录由国务院体育行政部门确认。

第三十三条　在竞技体育活动中发生纠纷，由体育仲裁机构负责调解、仲裁。体育仲裁机构的设立办法和仲裁范围由国务院另行规定。

第三十四条　体育竞赛实行公平竞争的原则。体育竞赛的组织者和运动员、教练员、裁判员应当遵守体育道德，不得弄虚作假、营私舞弊。在体育运动中严禁使用禁用的药物和方法。禁用药物检测机构应当对禁用的药物和方法进行严格检查。严禁任何组织和个人利用体育竞赛从事赌博活动。

第三十五条　在中国境内举办的重大体育竞赛，其名称、徽记、旗帜及吉祥物等标志按照国家有关规定予以保护。

第五章　体育社会团体

第三十六条　国家鼓励、支持体育社会团体按照其章程，组织和开展体育活动，推动体育事业的发展。

第三十七条　各级体育总会是联系、团结运动员和体育工作者的群众性体育组织，应当在发展体育事业中发挥作用。

第三十八条　中国奥林匹克委员会是以发展和推动奥林匹克运动为主要任务的体育组织，代表中国参与国际奥林匹克事务。

第三十九条　体育科学社会团体是体育科学技术工作者的学术性群众组织，应当在发展体育科技事业中发挥作用。

第四十条　全国性的单项体育协会管理该项运动的普及与提高工作，代表中国参加相应的国际单项体育组织。

第六章　保障条件

第四十一条　县级以上各级人民政府应当将体育事业经费、体育基本建设资金列入本级财政预算和基本建设投资计划，并随着国民经济的发展逐步增加对体育事业的投入。

第四十二条　国家鼓励企业事业组织和社会团体自筹资金发展体育事业，鼓励组织和个人对体育事业的捐赠和赞助。

第四十三条　国家有关部门应当加强对体育资金的管理，任何组织和个人不得挪用、克扣体育资金。

第四十四条　县级以上各级人民政府体育行政部门对以健身、竞技等体育活动为内容的经营活动，应当按照国家有关规定加强管理和监督。

第四十五条　县级以上地方各级人民政府应当按照国家对城市公共体育设施用地定额指标的规定，将城市公共体育设施建设纳入城市建设规划和土地利用总体规划，合理布局，统一安排。城市在规划企业、学校、街道和居住区时，应当将体育设施纳入建设规划。乡、民族乡、镇应当随着经济发展，逐步建设和完善体育设施。

第四十六条　公共体育设施应当向社会开放，方便群众开展体育活动，对学生、老年人、残疾人实行优惠办法，提高体育设施的利用率。任何组织和个人不得侵占、破坏公共体育设施。因特殊情况需要临时占用体育设施的，必须经体育行政部门和建设规划部门批准，并及时归还；按照城市规划改变体育场地用途的，应当按照国家有关规定，先行择地新建偿还。

第四十七条　用于全国性、国际性体育竞赛的体育器材和用品，必须经国务院体育行政部门指定的机构审定。

第四十八条　国家发展体育专业教育，建立各类体育专业院校、系、科，培养运动、训练、教学、科学研究、管理以及从事群众体育等方面的专业人员。国家鼓励企业事业组织、社会团体和公民依法举办体育专业教育。

第七章　法律责任

第四十九条　在竞技体育中从事弄虚作假等违反纪律和体育规则的行为，由体育社会团体按照章程规定给予处罚；对国家工作人员中的直接责任人员，依法给予行政处分。

第五十条　在体育运动中使用禁用的药物和方法的，由体育社会团体按照章程规定给予处罚；对国家工作人员中的直接责任人员，依法给予行政处分。

第五十一条　利用竞技体育从事赌博活动的，由体育行政部门协助公安机关责令停止违法活动，并由公安机关依照治安管理处罚条例的有关规定给予处罚。在竞技体育活动中，有贿赂、诈骗、组织赌博行为，构成犯罪的，依法追究刑事责任。

第五十二条　侵占、破坏公共体育设施的，由体育行政部门责令限期改正，并依法承担民事责任。有前款所列行为，违反治安管理的，由公安机关依照治安管理处罚条例的有关规定给予处罚；构成犯罪的，依法追究刑事责任。

第五十三条　在体育活动中，寻衅滋事、扰乱公共秩序的，给予批评、教育并予以制止；违反治安管理的，由公安机关依照治安管理处罚条例的规定给予处罚；构成犯罪的，依法追究刑事责任。

第五十四条　违反国家财政制度、财务制度，挪用、克扣体育资金的，由上级机关责令限期归还被挪用、克扣的资金，并对直接负责的主管人员和其他直接责任人员，依法给予行政处分；构成犯罪的，依法追究刑事责任。

第八章　附则

第五十五条　军队开展体育活动的具体办法由中央军事委员会依照本法制定。

第五十六条　本法自 1995 年 10 月 1 日起施行。

6. 全民健身计划纲要（一九九五年六月）

为了更广泛地开展群众性体育活动，增强人民体质，推动我国社会主义现代化建设事业的发展，特制定本纲要。

一   面临的形势

（一）建国40多年来，我国体育事业取得了很大成就。群众性体育活动蓬勃开展，参加体育活动的人数不断增加，人民体质与健康状况有了很大改善，全民健身工作日益受到社会的重视和支持，群众性体育活动的内容和形式更加丰富多彩，群众体育健身的物质条件逐步得到提高，体育在提高人民整体素质、促进社会主义精神文明和物质文明建设方面发挥着越来越显著的作用。

（二）当前，我国经济建设和社会发展对人民的整体素质提出了新的更高要求。但是，全民健身工作的现状还不能适应社会主义现代化建设的需要。群众的体育健身意识还不够强，群众性体育活动的开展还不够广泛，经常参加体育锻炼的人数还不够多，现有体育场地设施在向社会开放、满足群众开展体育锻炼的需要方面还有较大差距，全民健身工作的科学技术和监测管理还比较落后，有关的法规制度还不够完善，适应社会主义市场经济体制的全民健身管理体制和运行机制还在探索之中。这些问题，应随着经济和社会事业的发展，逐步加以解决。

（三）为进一步增强人民体质，适应我国社会主义现代化建设的需要，必须采取切实有效的措施，推行全民健身计划，发展群众体育。

二   目标和任务

（四）全民健身计划到2010年的奋斗目标是：努力实现体育与国民经济和社会事业的协调发展，全面提高中华民族的体质与健康水平，基本建成具有中国特色的全民健身体系。

（五）依据实现社会主义现代化建设第二步战略目标的要求，积极发展全民健身事业。到本世纪末，经济、社会和体育发展程度不同的各类地区，经常参加体育活动的人数都应有所增长，人民体质明显增强，群众参加体育活动的时间、体育消费额等逐步加大，群众体育健身活动的环境和条件有较大的改善。

（六）依据建立社会主义市场经济体制的要求，深化体育改革。

到本世纪末，初步建立适应社会主义市场经济体制的全民健身管理体制，初步形成人民群众广泛参与、充满发展活力的运行机制，建立起社会化、科学化、产业化和法制化的全民健身体系的基本框架。

三　对象和重点

（七）全民健身计划以全国人民为实施对象，以青少年和儿童为重点。青少年和儿童的健康成长关系到国家的富强和民族的昌盛，要发动全社会关心他们的体质和健康。各级各类学校要全面贯彻党的教育方针，努力做好学校体育工作。要对学生进行终身体育的教育，培养学生体育锻炼的意识、技能与习惯。继续搞好升学考试体育的试点，不断总结完善，逐步推开。盲校、聋校、弱智学校要重视开展学生的体育活动。要积极创造条件，切实解决学校体育师资、经费、场地设施等问题。

（八）机关和企事业单位要加强职工体育工作，因人、因时、因地制宜，开展形式多样、健康文明的职工体育健身活动。

（九）积极发展社区体育。街道办事处要加强对体育工作的组织，发挥居民委员会和基层体育组织的作用，做好社区体育工作。体育行政部门要给予支持和指导。

（十）提高农民的体质与健康水平是农村社会发展的一项重要内容，充分发挥村民委员会和各级农民体育协会的作用，并与文化站协同配合，做好农村体育工作。继续开展评选全国体育先进县活动，推动农村体育的发展。

（十一）实施《军人体育锻炼标准》，进一步发展部队体育，增强体质，提高部队战斗力。培养部队体育骨干。部队在搞好自身体育工作的同时，要积极支持和帮助驻地附近的居民开展群众性体育活动。

（十二）积极发展少数民族体育，在民族地区广泛开展以少数民族传统体育项目为主的体育健身活动。建立健全各级少数民族体育协会，培养少数民族体育人才。

（十三）重视妇女和老年人的体质与健康问题，积极支持他们参加体育健身活动。注意做好劳动强度较大、余暇时间较少的女职工的体育工作。加强对老年人体育健身活动的科学指导。

（十四）广泛开展残疾人体育健身活动，提高残疾人的身体素质和平等参与社会活动的能力。丰富残疾人体育健身方法，培养体育骨干，提高残疾人体育运动水平。

（十五）积极为知识分子创造体育健身条件，倡导和推广适合其工作特点的体育健身方法，重视对中高级知识分子进行健康检查和体质测定工作。

四　对策和措施

（十六）把推行全民健身计划纳入国民经济和社会发展的总体规划，坚持群众体育与竞技体育协调发展的方针，以普遍增强人民体质为重点，加强领导，统筹规划，切实抓出成效。

（十七）加强宣传工作，形成全民健身的舆论导向，增强全民体育健身意识，提高对全民健身工作的重视程度。使全社会认识到，身体素质是思想道德素质和科学文化素质的物质基础，全民健身工作是社会主义精神文明和物质文明建设的重要内容，体育发展水平是社会进步与人类文明程度的一个重要标志。

（十八）加强群众体育的法制建设，认真执行现有体育法规，有计划地制定并实施社会体育督导、群众体育工作、体育社团、场地设施管理等方面的法规制度。逐步完善群众体育运动竞赛制度，加强对工人、农民、少数民族、残疾人以及各类学生运动会等的组织和管理。突出群众体育运动会和竞赛活动的群众性、健身性、民族性、趣味性和科学性。

（十九）充分发挥各群众组织和社会团体在开展群众性体育活动中的重要作用，建立健全行业、系统体育协会和其他群众体育组织，逐步形成社会化的全民健身组织网络。

（二十）体育部门要改善资金支出结构，逐步增加群众体育事业费在预算中的支出比重。鼓励企事业单位、社会团体、个人资助体育健身活动。提倡家庭和个人为体育健身投资，引导群众进行体育消费，拓宽体育消费领域，开发适应我国群众消费水平的体育健身、康复、娱乐等市场。

（二十一）实施体质测定制度，制定体质测定标准，定期公布全民体质状况。实施《社会体育指导员技术等级制度》，加强社会体育骨干队伍建设。

（二十二）推广简便易行和适合不同年龄、性别、职业特点与体质状况的体育健身方法。挖掘和整理我国传统体育医疗、保健、康复等方面的宝贵遗产，发展民族、民间传统体育。

（二十三）加强人民体质与健康的科学研究和技术开发。要发挥体育科技队伍的作用，体育科研单位和体育院校要以群众体育和全民健身的科学研究为重点，要增加对群众体育科学研究的投入，加快科技成果向群众体育健身实践的转化。

（二十四）体育场地设施建设要纳入城乡建设规划，落实国家关于城市公共体育设施用地定额和学校体育场地设施的规定。任何单位和个人不得侵占体育场地设施或挪作它用。各种国有体育场地设施都要向社会开放，加强管理，提高使用效率，并且为老年人、儿童和残疾人参加体育健身活动提供便利条件。

五　实施步骤

（二十五）本纲要采取整体规划，逐步实施的方式，从现在起到 2010 年分为两期工程。第一期工程自 1995—2000 年，分为三个阶段：1995—1996 年为第一阶段，进行宣传发动和改革试点，初步掀起一个全民健身活动热潮。1997—1998 年为第二阶段，通过重点实施、逐步推进，形成崇尚健身、参与健身的社会环境和社会风气。1999—2000 年为第三阶段，全面展开全民健身计划的各项工作并普遍取得成效，建立具有中国特色的全民健身体系的基本框架。第二期工程自 2001—2010 年，经过 10 年的努力，把全民健身工作提高到一个新的水平，基本建成具有中国特色的全民健身体系。

（二十六）本纲要在国务院领导下，由国家体委会同有关部门、各群众组织和社会团体共同推行。国家体委负责组织实施。各级地方人民政府及其体育行政部门应根据当地具体情况，制定本地区的规划和实施方案。各部门、各系统也应制定相应的规划和实施方案。

中国人民解放军和人民武装警察部队可根据本纲要的要求，结合部队实际参照执行。

7. 关于加强城市社区体育工作的意见

（1997 年 4 月 2 日国家体委、国家教委、

民政部、建设部、文化部发布）

各省、自治区、直辖市、计划单列市体委、教委（教育厅）、民政厅（局）、建委（建设厅）、文化厅（局）：

我国城市社区体育（以下简称社区体育）是体育社会化的产物，是社会发展的必然趋势，是城市精神文明建设的重要内容。社区体育主要是在街道办事处的辖区内，以自然环境和体育设施为物质基础，以全体社区成员为主要对象，以满足社区成员的体育需求，增进社区成员的身心健康为主要目的，就地就近开展的区域性的群众体育。党的十一届三中全会以来，随着经济繁荣和社会进步，社区体育有了较快的发展。但是，发展还不平衡，人们的社区体育意识还不够强，社区体育组织还不够健全，参与的人和单位还不够广泛，场地设施等物质条件还不能满足人们参加体育活动的需要等问题，还不同程度地存在着。为贯彻执行《中华人民共和国体育法》（以下简称《体育法》），实施《全民健身计划纲要》（以下简称《纲要》），满足广大人民群众日益增长的体育需求，努力为人民群众营造一个就近、方便、文明、有序的体育健身环境。现对加强社区体育工作提出如下意见：

一　主要任务与职责

（一）社区体育工作的主要任务是：采用多种方式，发动、引导、组织社区成员开展经常性的体育健身活动，提供门类众多的体育服务，满足社区成员的体育需求，增强体质，提高身心健康水平和生活质量，建立文明、健康、科学的社区生活方式。

（二）市、区人民政府要把发展社区体育作为贯彻《体育法》、实施《纲要》的一项具体措施，纳入城市社会发展的总体规划，作为社区建设和创建"文明城市"、"文明社区"、"文明家庭"的一项内容，努力为居民参加体育健身活动创造良好的社会环境和物质条件。

（三）市、区人民政府体育行政部门要认真贯彻执行党和国家的体育方针、政策，加强对社区体育的领导，依据《体育法》和《纲要》制定社区体育的发展规划和工作计划，逐步建立、健全以社区体育组织为主体的社会体育组织网络，制定开展社区体育的各项管理制度，加强社区体育理论研究，建立社区体育发展的指标体系。

市、区人民政府教育部门要在保证学校教学秩序和体育工作的前提下，鼓励和支持学校体育设施对社区居民开放，开展有偿服务。切实发挥学校体育教师、体育设施在开展社区体育活动中的积极作用。

市、区人民政府民政部门要根据城市管理中街道办事处的管理、协调、指导、服务等职能作用，将开展社区体育作为街道办事处的一项工作职责，将社区体育作为社区建设的组成部分，统筹规划和评估，在政策上给予扶持。

市、区人民政府文化部门在建设和发展社区文化的工作中，要重视社区体育的开展。街道办事处的文化站，要大力宣传体育健身对增强体质、丰富文化生活、提高生活质量等方面的意义，有计划地开展丰富多彩、小型多样的体育活动。

市、区人民政府城市规划部门，要按照国家对城市公共体育设施用地定额指标的规定，将市、区、居住区的公共体育设施建设纳入城市总体规划和详细规划中，合理布局，统一安排。

在开展社区体育工作中，要重视发挥各级工会、共青团、妇联等组织的作用。

（四）街道办事处对辖区体育工作具有领导、管理的职能。要调动辖区内各方面的积极性，建立、健全体育组织和组织社区内成员经常开展体育健身、竞赛、表演和体育交流活动。组织开展成年人体质测定工作，协助体育行政部门做好社会体育指导员的管理工作。

（五）居委会应在街道办事处的指导下，广泛宣传、发动、组织居民经常开展群众性的体育健身活动。

（六）到20世纪末，我国社区体育的发展达到：经常参加社区体育活动的人数有较大的增长，体育健身活动的环境和条件有较快的改善，社区成员的体育意识和体质普遍增强，社区体育组织基本建立。初步形成国家、社会、个人三者有机结合，社区、单位、家庭共同发展的全民健身新格局。

二　组织管理与体制

（七）按照《体育法》第四条"县级以上地方各级人民政府体育行政部门或者本级人民政府授权的机构主管本行政区域内的体育工作"的规定，区（市辖区、不设区的即为市，下同）人民政府可授权街道办事处主管辖区社会体育工作和组织实施辖区体育活动。形成以市、区体育行政部门和街道办事处为主体的分级管理体制，以及条块结合的组织网络。

（八）街道办事处应成立以街道办事处行政领导挂帅、辖区内各有关单位参加的社区体育组织。应有部门管理体育工作，配备专兼职体育干部，在区人民政府体育行政部门的指导下开展工作。

要充分利用辖区内各单位人才、资源和场地等条件，组建街道办事处一级的各类体育协会、文体中心、体育指导站、健身俱乐部等，形成在街道办事处领导下的街道、居委会和单位多层面的体育组织网络，有效地开展多种多样的群众性体育健身活动，满足社区成员的广泛兴趣和爱好。

（九）居委会应协助街道办事处做好居住区、楼群晨、晚练指导站等体育组织的建设与管理工作。

（十）社区内的机关、学校、企事业单位要增强社区意识，支持、协助街道办事处开展社区体育工作，积极参加社区的各类体育活动。

三 骨干队伍建设

（十一）区人民政府体育行政部门和街道办事处要培养、选拔德才兼备，熟悉、热爱体育工作的干部充实到街道办事处和社区体育组织，并在政治上、生活上关心爱护社区体育干部。

（十二）社会体育指导员是开展社区体育的骨干。要充分发挥他们在开展群众性体育健身活动中的技能传授、锻炼指导和组织管理作用。

（十三）要充分发挥辖区内各单位体育干部、业余体校教练员、体育教师以及热心体育和有体育专长的离退休人员的作用，吸收他们参与社区各类体育组织的领导与管理工作以及活动的组织、技术指导等。

（十四）区人民政府体育行政部门和街道办事处要有计划地举办各类培训班，加强对各类体育干部、体育骨干、体育积极分子的培训，提高他们的素质。

四 场地设施的建设与利用

（十五）体育场地设施是社区居民开展体育活动必需的物质条件，是体育活动经常化的重要保证。市、区人民政府要加强社区体育场地设施和学校体育场地设施的建设。已建成的居住区要努力挖掘潜力，为居民修建简易体育场地；新建居住区、小区，必须按照国家技术监督局、建设部联合发布的（GB93）《城市居住区规划设计规范》和原城乡建设部、国家体委 1986 年颁布的（86）体计基字 559 号《城市公共体育运动设施用地定额指标暂行规定》，规划、建设好社区体育设施。

（十六）街道办事处应在辖区内有计划地修建社区体育活动室或体育服务站（点），并配备相应的健身器材设备。到 20 世纪末，力争 50% 以上的街道达到上述要求。

（十七）合理使用街道辖区内现有的各类体育场地设施，充分发挥其作用。公共体育场地设施一律向辖区内单位和居民开放。机关、企事业单位的体育场地设施，在不影响工作和生产秩序的前提下，有组织、有计划地向居民开放，为居民健身服务。

（十八）应在社区内公园、闲置空地和楼群间合理布局简易的体育场地设施，开辟健身场所，使居民就近就便参加体育活动，做到运动场地就在身边。鼓励居民自力更生及义务维护和建设体育场地设施。提倡居民添置体育健身器械，开展家庭健身活动。

（十九）任何单位和个人不得侵占、破坏和挪用体育场地设施。确因特殊情况需要临时占用体育设施的，须经当地体育、城市规划行政部门批准，并及时归还；确因城市建设需要改变社区体育场地设施作用的，应当按照国家有关规定，并要在就近、方便使用的原则下，先行在适当地点择地新建，面积、标准不得低于原有设施。

五　经费来源

（二十）社区体育经费实行公益型的管理方式，多渠道筹措经费。区人民政府要根据《体育法》的规定，逐年增加对体育事业的经费投入。体育行政部门要对社区体育工作安排经费并逐年有所增加，鼓励企事业单位、社会团体和个人捐赠资助社区体育活动和体育设施建设，鼓励辖区单位举办或承担社区大型体育活动。有条件的社区，可设立由团体和个人投资的社区体育发展基金。社区的各类体育协会或其他体育组织可实行会员制，可向会员收取一定数额的会费。

（二十一）积极创造条件，开发体育产业，依法开辟体育经营场所，为经营体育产业提供有利条件。要努力开展技术指导、骨干培训、体育表演、健身咨询等多种形式的社区体育服务，在经营、税收、资金等方面参照1993年8月民政部、国家体委等14个部委联合下发的《关于加快发展社区服务业的意见》的有关政策执行。

六　健身活动

（二十二）社区体育以经常性健身活动为主体，坚持业余、自愿、小型多样，遵循因地、因时、因人制宜和科学文明的原则。在开展各种体育健身活动中，要讲究科学，注意安全，重在参与。实行传统健身养生法与现代健身方式相结合，个人锻炼与集体活动相结合，健身娱乐与医疗保健相结合，健身活动与节假日活动相结合，广泛开展形式多样的体育活动。

要加强晨练、晚练和季节性体育锻炼的组织和管理，制定可行的管理制度，引导不同特点的人群参加喜闻乐见的体育活动。

要关心和重视知识分子、老年人、幼儿和残疾人的体育活动。

（二十三）积极开展形式多样的竞赛活动，激发居民体育健身的积极性。竞赛活动以动员尽可能多的居民群众参加为基本出发点，办出特色，形成传统。

社区体育组织应根据本地区实际情况，定期举办综合性体育竞赛活动和单项竞赛活动，要有目的地结合节假日组织体育竞赛、表演和社区内外的交流活动，形成热点，利用寒暑假举办形式多样的中小学生单项体育竞赛、培训以及锻炼小组等活动。

七　评比表彰

（二十四）按照国家体育运动委员会制定的《全国城市体育先进社区评审办法》，定期在全国开展评比表彰"全国城市体育先进社区"的活动。

（二十五）地方各级人民政府体育行政部门要结合实际，建立评比表彰制度，树立榜样，典型引路。

参考文献

一 中文参考文献

（一）图书

1. ［英］阿米·古特曼等：《结社——理论与实践》，吴玉章等译，生活·读书·新知三联书店2006年版。

2. ［法］埃米尔·涂尔干：《社会分工论》，渠东译，生活·读书·新知三联书店2000年版。

3. ［英］安东尼·吉登斯：《社会的构成：结构化理论大纲》，李康等译，生活·读书·新知三联书店1998年版。

4. ［美］鲍威尔、迪马吉奥主编：《组织分析中的新制度主义》，姚伟译，上海人民出版社2008年版。

5. ［美］彼得·M.布劳、W.理查德·斯科特：《正规组织：一种比较方法》，东方出版社2006年版。

6. 邓国胜：《非营利组织评估》，社会科学文献出版社2001年版。

7. ［美］道格拉斯·诺斯：《经济史中的结构与变迁》，陈郁等译，上海人民出版社1994年版。

8. 范丽珠主编：《全球化的社会变迁与非政府组织》，上海人民出版社2003年版。

9. 龚咏梅：《社团与政府的关系——苏州个案研究》，社会科学文献出版社2007年版。

10. 高丙中、袁瑞军主编：《中国公民社会发展蓝皮书》，北京大学出版社2008年版。

11. ［德］哈贝马斯：《合法化危机》，刘北成等译，上海人民出版社 1999 年版。

12. 何增科：《公民社会与第三部门》，社会科学文献出版社 2000 年版。

13. 贺立平：《让渡空间与拓展空间：政府职能转变中的半官方社团研究》，中国社会科学出版社 2007 年版。

14. 侯小伏：《打开另一扇门》，群众出版社 2003 年版。

15. 黄晓勇：《民间组织蓝皮书：中国民间组织报告（2009—2010）》，社会科学文献出版社 2009 年版。

16. 黄亚玲：《论中国体育社团》，北京体育大学出版社 2004 年版。

17. 贾西津：《第三次改革：中国非营利部门战略研究》，清华大学出版社 2005 年版。

18. ［美］杰弗里·菲佛、杰勒尔德·R.萨兰基克：《组织的外部控制：对组织资源依赖的分析》，东方出版社 2006 年版。

19. ［英］凯特·纳什：《布莱克维尔政治社会学指南》，李雪、吴玉鑫、赵蔚译，浙江人民出版社 2007 年版。

20. 康晓光：《权力的转移——转型时期中国权力格局的变迁》，浙江人民出版社 1999 年版。

21. ［法］克罗戴特·拉法耶：《组织社会学》，安延译，社会科学文献出版社 2000 年版。

22. ［美］W.理查德·斯科特：《组织理论：理性、自然和开放系统》，黄洋等译，华夏出版社 2001 年版。

23. ［美］理查德.L.达夫特：《组织理论与设计》，王凤彬等译，清华大学出版社 2003 年版。

24. ［美］赖特·米尔斯等：《社会学与社会组织》，何维凌等译，浙江人民出版社 1986 年版。

25. 李汉林等：《组织变迁的社会过程——以社会团结为视角》，东方出版中心 2006 年版。

26. 李亚平、于海编选：《第三域的兴起》，复旦大学出版社 1998 年版。

27. 李友梅等：《社会的生产：1978 年以来的中国社会变迁》，

上海人民出版社 2008 年版。

28. 李友梅等:《中国社会生活的变迁》,中国大百科全书出版社 2008 年版。

29. [美] 罗伯特·D. 帕特南:《使民主运转起来》,王列、赖海榕译,江西人民出版社 2001 年版。

30. [美] 罗伯特·K. 殷:《案例研究:设计与方法》,周海涛主译,重庆大学出版社 2004 年版。

31. 娄胜华:《转型时期澳门社团研究——多元社会中法团主义体制解析》,广东人民出版社 2004 年版。

32. [德] 马克斯·韦伯:《社会科学方法论》,李秋零、田薇译,中国人民大学出版社 1999 年版。

33. 马伊里、刘汉榜主编:《上海社会团体概览》,上海人民出版社 1993 年版。

34. 尚小援:《冲击与变革:对外开放中的中国公民社会组织》,中国社会科学出版社 2007 年版。

35. 沈原:《市场、阶级与社会:转型社会学的关键议题》,社会科学文献出版社 2007 年版。

36. 孙立平等:《动员与参与:第三部门募捐机制个案研究》,浙江人民出版社 1999 年版。

37. 田凯:《非协调约束与组织运作——中国慈善组织与政府关系个案研究》,商务印书馆 2004 年版。

38. 王绍光:《多元与统一 ——第三部门的国际比较研究》,浙江人民出版社 1999 年版。

39. 王颖、折晓叶、孙炳耀:《社会中间层——改革与中国的社团组织》,中国发展出版社 1993 年版。

40. 王名:《中国民间组织 30 年》,社会科学文献出版社 2008 年版。

41. 王名:《中国非政府公共部门》,清华大学出版社 2004 年版。

42. 王名、刘国翰、何建宇:《中国社团改革——从政府选择到社会选择》,社会科学文献出版社 2001 年版。

43．王名、刘培峰等：《民间组织通论》，时事出版社 2004 年版。

44．吴忠泽、陈金罗：《社团管理工作》，中国社会出版社 1996 年版。

45．吴锦良：《政府改革与第三部门发展》，中国社会科学出版社 2001 年版。

46．俞可平等：《中国公民社会的兴起与治理的变迁》，社会科学文献出版社 2002 年版。

47．俞可平等：《中国公民社会的制度环境》，北京大学出版社 2006 年版。

48．［美］詹姆斯·科尔曼：《社会理论的基础》，邓方译，社会科学文献出版社 1990 年版。

49．张静：《法团主义》，中国社会科学出版社 2005 年版。

50．张静：《国家与社会》，浙江人民出版社 1998 年版。

51．张勤：《中国公民社会组织发展研究》，人民出版社 2008 年版。

52．张永宏主编：《组织社会学的新制度主义学派》，上海人民出版社 2007 年版。

53．赵黎青：《非政府组织与可持续发展》，经济科学出版社 1998 年版。

54．赵黎青：《非营利部门与中国发展》，香港社会科学出版社 2001 年版。

55．中国青少年发展基金会、基金会发展研究委员会：《处于十字路口的中国社团》，天津人民出版社 2001 年版。

56．中国民间组织年志编辑委员会编：《中国民间组织年志 1949—2004》，中国社会出版社 2005 年版。

57．周雪光：《组织社会学十讲》，社会科学文献出版社 2003 年版。

58．杨善华等主编：《西方社会学理论》，北京大学出版社 2005 年版。

（二）期刊

1. 蔡拓：《全球主义与国家主义》，《中国社会科学》2000 年第 3 期。

2. 曹正汉：《无形的观念如何塑造有型的组织——对组织社会学新制度学派的回顾》，《社会》2005 年第 3 期。

3. 陈健民、丘海雄：《社团、社会资本与政经发展》，《社会学研究》1999 年第 4 期。

4. 陈剩勇、马斌：《温州民间商会：自主治理的制度分析——温州服装商会的典型研究》，《管理世界》2004 年第 12 期。

5. 邓莉雅、王金红：《中国 NGO 生存与发展的制约因素》，《社会》2004 年第 2 期。

6. 邓锁：《开放组织的权力与合法性》，《华中科技大学学报》（社会科学版）2004 年第 4 期。

7. ［英］戈登·怀特：《公民社会、民主化和发展：廓清分析的范围》，载何增科主编《公民社会与第三部门》，社会科学文献出版社 2000 年版。

8. 范明林、程金：《核心组织的架空：强政府下社团运作分析》，《社会》2007 年第 5 期。

9. 范履冰、刘长春：《制度变迁视角下的社团管理体制创新》，《学术界》2007 年第 5 期。

10. 方洁：《社团罚则与合作治理》，《浙江社会科学》2007 年第 4 期。

11. 费显政：《组织与环境的关系——不同学派述评和比较》，《国外社会科学》2006 年第 3 期。

12. 费显政：《新制度学派组织与环境关系观述评》，《外国经济与管理》2006 年第 8 期。

13. 费显政：《资源依赖学派之组织与环境关系理论评介》，《武汉大学学报》（哲学社会科学版）2005 年第 4 期。

14. 高丙中：《社会团体的合法性问题》，《中国社会科学》2000 年第 2 期。

15. 高丙中：《社团合作与中国公民社会的有机团结》，《中国社会科学》2006 年第 3 期。

16. 顾昕：《公民社会发展的法团主义之道——能促型国家与国家和社会的相互增权》，《浙江学刊》2004 年第 6 期。

17. 顾昕：《能促型国家的角色：事业单位的改革与非营利部门的转型》，《河北学刊》2005 年第 1 期。

18. 顾昕、王旭：《从国家主义到法团主义——中国市场转型过程中国家与专业团体关系的演变》，《社会学研究》2005 年第 2 期。

19. 顾昕等：《公民社会与国家的协同发展》，《开放时代》2006 年第 5 期。

20. 桂勇：《城市邻里研究："国家—社会"范式及一个可能的分析框架》，载《复旦社会学论坛》第一辑。

21. 郭建梅：《中国民间组织的生存和发展——以北大妇女法律研究与服务中心为例》，《妇女研究论丛》2000 年第 5 期。

22. 何云峰、马凯：《当前我国非政府组织发展面临的主要问题》，《上海师范大学学报》（哲学社会科学版）2004 年第 2 期。

23. 何增科：《中国公民社会发展的制度环境影响评估》，《江苏行政学院学报》2006 年第 4 期。

24. 侯小伏：《论社团的组织特征及中国社团组织的发展趋势》，《山东社会科学》2002 年第 5 期。

25. 黄宗智：《连接经验与理论——连接中国的现代学术》，《开放时代》2007 年第 4 期。

26. 贾西津：《中国公民社会发育的三条路径》，《中国行政管理》2003 年第 3 期。

27. 康晓光、韩恒：《分类控制：当前中国大陆国家与社会关系研究》，《社会学研究》2005 年第 6 期。

28. 康晓光：《转型时期的中国社团》，《中国社会科学季刊》（香港）1999 年冬季号总第 28 期。

29. 李汉林、李路路：《资源与交换——中国单位组织中的依赖性结构》，《社会学研究》1999 年第 4 期。

30. 李红艳：《非政府组织的基本理论探讨》，《武汉大学学报》（哲学社会科学版）2009 年第 5 期。

31. 李友梅：《民间组织与社会发育》，《探索与争鸣》2006 年第 4 期。

32. 李友梅：《自主性的增长：制度与生活视野下的中国社会生活变迁》，《上海市社会科学界第六届学术年会论文集（2008 年度主题卷）》，上海人民出版社 2008 年版。

33. 刘玉照、应可为：《社会学中的组织研究》，《社会》2007 年第 2 期。

34. 陆建华：《大陆民间组织的兴起——对北京三个绿色民间组织的个案分析》，《中国社会科学季刊》2000 年第 32 期。

35. 马迎贤：《组织间关系：资源依赖理论的历史演进》，《社会》2004 年第 7 期。

36. 毛丹：《社会学研究中的中层理论关心》，《浙江社会科学》2006 年第 5 期。

37. ［美］普特南：《独自打保龄球：美国下降的社会资本》，虞大鹏译，《规划师》2002 年第 8 期。

38. 邵华：《合法性问题与社团组织的发展》，《甘肃社会科学》2007 年第 3 期。

39. 沈原、孙五三：《"制度的形同质异"与社会团体的发育——以中国青基会及其对外交往活动为例》，载《处于十字路口的中国社团》，天津人民出版社 2000 年版。

40. 沈友军：《党和政府对社团影响的定量分析》，《求索》2005 年第 1 期。

41. ［美］W. R. 斯科特：《对组织社会学 50 年来发展的反思》，李国武摘译，《国外社会科学》2006 年第 1 期。

42. 孙炳耀：《中国社会团体官民二重性问题》，《中国社会科学季刊》1994 年第 6 期。

43. 孙立平：《国家与社会的结构分化》，《中国社会科学季刊》1992 年第 1 期。

44. 孙立平：《改革开放以来中国国家与社会关系的演变》，《中国社会科学季刊》1992 年第 1 期。

45. 孙志祥：《北京市民间组织个案研究》，《社会学研究》2001

年第 1 期。

46．陶庆：《合法性的时空转换——以南方市福街草根民间商会为例》，《社会》2008 年第 4 期。

47．田凯：《组织外形化：非协调约束下的组织运作》，《社会学研究》2004 年第 4 期。

48．王晨：《中国民间组织发展的三大不利性制度因素分析》，《社会科学》2005 年第 10 期。

49．王名、贾西津：《中国 NGO 的发展分析》，《管理世界》2002 年第 8 期。

50．王宁：《代表性还是典型性？——个案的属性和个案研究方法的逻辑基础》，《社会学研究》2002 年第 5 期。

51．王绍光、何建宇：《中国的社团革命：中国人的结社版图》，《浙江学刊》2004 年第 6 期。

52．王绽蕾等：《论我国 NGO 的合法性建构》，《云南行政学院学报》2004 年第 6 期。

53．汪锦军：《浙江政府与民间组织的互动机制研究：资源依赖理论的分析》，《浙江社会科学》2008 年第 9 期。

54．吴军民：《行业协会的组织运作：一种社会资本分析视角——以广东南海专业镇行业协会为例》，《管理世界》2005 年第 10 期。

55．吴湘玲：《公共管理的重要主体：迅猛崛起的第三部门》，《武汉大学学报》（人文科学版）2004 年第 5 期。

56．肖瑛：《回到"社会的"社会学》，《社会》2006 年第 5 期。

57．谢海定：《中国民间组织的合法性困境》，《法学研究》2004 年第 2 期。

58．谢维和：《社会资源流动与社会分化：中国市民社会的客观基础》，《中国社会科学季刊》1993 年第 4 期。

59．徐永光：《中国第三部门的现实处境及我们的任务》，载中国青少年发展基金会《处于十字路口的中国社团》，天津人民出版社 2001 年版。

60. 熊跃根：《转型经济国家中的"第三部门"发展：对中国现实的解释》，《社会学研究》2001 年第 1 期。

61. 杨正喜、唐鸣：《非政府组织兴起与我国非法人社团制度变革》，《学术界》2007 年第 5 期。

62. 郁建兴、吴宇：《中国民间组织的兴起与国家—社会关系理论的转型》，《人文杂志》2003 年第 4 期。

63. 俞可平：《改善我国公民社会制度环境的若干思考》，《当代世界与社会主义》2006 年第 1 期。

64. 湛正群、李非：《组织制度理论：研究的问题、观点与进展》，《现代管理科学》2006 年第 4 期。

65. 张海东、丛玉飞：《社会空间的拓展——新一轮政府改革透视》，《江海学刊》2009 年第 2 期。

66. 张立荣、金红磊：《非政府组织兴起动因的四维视角透析》，《华中师范大学学报》（人文社会科学版）2003 年第 4 期。

67. 张立荣、金红磊：《非政府组织的勃兴动因》，《湖北行政学院学报》2003 年第 4 期。

68. 张紧跟、庄文嘉：《非正式政治：一个草根 NGO 的行动策略——以广州业主委员会联谊会筹备委员会为例》，《社会学研究》2008 年第 2 期。

69. 张钟汝等：《国家法团主义视域下的政府与非政府组织的互动关系研究》，《社会》2009 年第 4 期。

70. 赵鼎新：《解释传统还是解读传统？——当代人文科学出路何在》，《社会观察》2004 年第 6 期。

71. 赵孟营：《论组织理性》，《社会学研究》2002 年第 4 期。

72. 赵孟营：《组织合法性：在组织理性与事实的社会组织之间》，《北京师范大学学报》（社会科学版）2005 年第 2 期。

73. 赵孟营：《现代社会中组织与社会的联结：理性的类型关联》，《宁夏社会科学》2006 年第 1 期。

74. 赵孟营：《现代社会中个人与组织如何联结：理性的行动关联》，《人文杂志》2006 年第 2 期。

75. 赵孟营：《组织格局：抽象社会中的社会组织》，《北京师范大学学报》（社会科学版）2006 年第 2 期。

76．赵孟营：《论现代社会中的关键组织》，《南京社会科学》2006 年第 5 期。

77．赵孟营：《组织链：现代社会的一种组织间关系》，《北京师范大学学报》（社会科学版）2007 年第 2 期。

78．赵秀梅：《中国 NGO 对政府的策略：一个初步考察》，《开放时代》2004 年第 6 期。

79．赵秀梅：《基层治理中的国家与社会关系——对一个参与社区公共服务的 NGO 的考察》，《开放时代》2008 年第 4 期。

80．周雪光：《西方社会学关于中国组织与制度变迁研究状况述评》，《社会学研究》1999 年第 4 期。

81．朱晓明：《中国民间组织生存发展的法律环境研究》，《浙江社会科学》2004 年第 3 期。

82．庄晓东：《中国社团组织研究的三种视角》，《开发研究》2007 年第 3 期。

83．张江华：《卡里斯玛、公共性与中国社会——有关差序格局的再思考》，《社会》2010 年第 5 期。

二　外文参考文献

1. Evans, Peter（ed.）, *State-society Synergy：Government and Social Capital in Development*, Berkeley：International and Area Studies. University of California at Berkeley, 1997.

2. Anita Chan, "Revolution or Corporatism? Workers and Trade Unions in the Post-Mao China", *The Australian Journal of Chinese Affairs*, Vol. 29, 1993.

3. Clemens Ostergaard, "Citizens, Groups and a Nascent Civil Society in China", *China Information*, Vol. 4, 1989.

4. Foster, Kenneth W., "Associations in the Embrace of an Authoritarian State：State Domination of Society?", *Studies in Comparative International Development*, Vol. 35, 2001.

5. Gu, Xin, "Plural Institutionalism and the Emergence of Intellectual

Public Spaces in Contemporary China", *Journal of Contemporary China*, Vol. 7, No. 18. 1998.

6. He, Baogang, *The Democratic Implications of Civil Society in China*, Macmillan Press Ltd., 1997.

7. He, Baogang, *The Limits of Semi-Civil Society in the Democratic Implications of Civil Society in China*, London: Macmillan Press Ltd., 1997.

8. John J. Miller, Frank R. Veltri and Gregory M. Combs, "An Analysis of Disabled Sport Organizations Resource – Acquisition Strategies", *International Sports Journal*, Summer 2002.

9. John Keane (ed.), *Civil Society and the State: New European Perspectives*, London: Verso, 1988.

10. Madsen, Richard, *Tragedy and Hope in an Emerging Civil Society*, University of California Press, 1998.

11. Migdal, Joel S., Atul Kohli &Vivienne Shue (eds.), *State Power and Social Force, Domination and Transformation in the Third World*, Cambridge: Cambridge University Press, 1994.

12. Oliver, Christine, "Strategic responses to institutional processes", *Academy of Management Review*, No. 16, 1991.

13. Oi, Jean, *State and Peasant in Contemporary China: The Political Economy of Village Government*, Berkeley: University of California Press, 1989.

14. Oi C. Jean, "The Role of the local State in China's Transitional Economy", *The China Quarterly*, Vol. 144, No. 12, 1995.

15. Pearson, Margaret, "The Janus Face of Business Associations in China: Socialist Corporatism in Foreign Enterprises", *The Australian Journal of Chinese Affairs*, Vol. 31, 1994.

16. Pei, Minxin, "Chinese Civic Associations", *Modern China*, Vol. 24, No. 3, 1998.

17. Robert Miller (ed.), *The Development of Civil Society in Communist Systems*, Sydney: Allen and Unwin, 1992.

18. Rowe, William T., "The Problem of 'Civil Society' in Late Imperial China", *Modern China*, Vol. 19, No. 2, 1993.

19. Salamon, Lester M., *Partners in Public Service: Government-Non-profit Relations in the Modern Welfare State*, Baltimore: The Johns Hopkins University Press, 1995.

20. Salamon, M. Lester, "The Rise of the Nonprofit Sector", *Foreign Affairs*, Vol. 73, No. 4, 1994.

21. Shue, Vivienne, *The Reach of the State: Sketches of the Chinese Body Politic*, Stanford: Stanford University Press, 1988.

22. Thomas Gold, "The Resurgence of Civil Society in China", *Journal of Democracy*, Vol. 1, No. 1, 1990.

23. Unger, Jonthan and Anita Chan, "China, Corporatism, and the East Asian Mode", *The Australian Journal of Chinese Affairs*, Vol. 33, 1995.

24. Unger, Jonthan, "Bridges: Private Business, the Chinese Government and the Rise of New Associations", *The China Quarterly*, No. 9, 1996.

25. White, Gordon, "Prospects for Civil Society in China: A Case Study of Xiaoshan City", *The Australian Journal of Chinese Affairs*, No. 29, 1993.

26. White, Gordon, Jude Howell and Xiaoyuan Shang, *In Search of Civil Society: Market Reform and Social Change in Contemporary China*, New York: Oxford University Press, 1996.

后 记

本书是基于我的博士论文研究。

值本书出版之际，首先向我的导师陆小聪教授表示最衷心的感谢！攻读博士学位期间，陆教授给予了我悉心的指导和帮助。学习上，每当遇到问题时，他总能耐心地给予建议和引导；生活上，他总能以长者的智慧和经验，给予我无限的关怀和鼓励。本书从最初的选题到最终的成文定稿，其中的每一个阶段无不凝结着陆老师的大量心血。

感谢华中科技大学社会学系的王茂福教授，作为我的硕士导师，正是他开启了我的社会学学习之门。虽然王教授身在武汉，但在我攻读博士学位期间，多次通过电话和邮件给予我指导和鼓励。他那和蔼可亲的面孔时常浮现在眼前，句句叮咛时常萦绕于耳际，对我的期盼和信任时刻鞭策着我不断前行。

感谢"陆家军"的全体成员，是他们的关怀和帮助，让我在举目无亲的大都市里感受到了家庭的温暖。读书会是个自由表达的平台，是个碰撞思想的平台，也是启发思维的平台，这个平台让我受益匪浅，某种程度上讲，这篇论文的完成是"陆家军"整个团队共同努力的结果。

感谢沈关宝教授、张江华教授、张乐天教授、文军教授、李向平教授等为我的研究提出的宝贵建议，对此我要表示深深的感谢，他们严谨的治学态度，卓越的学术素养，令我深深敬佩，难以忘怀。感谢接受我访谈的阿姨们、老师们，正是他们的理解和支持，正是他们所提供的宝贵资料，才有这本著作的完成。

此外，我还要特别感谢负责出版编辑的王琪老师，她的辛苦付出是本书出版的重要保障。

最后要特别感谢我的家人。感谢赐予我生命的父母，舐犊之情，穷尽毕生难以报答，只能感念于心。感谢我的先生对我的理解与包容，让我安心求学，这是我完成本书的坚强后盾。

所有的这一切，都成为我今后努力前行的最大动力！

张瑞玲

2016 年 12 月于上海